蘇曼殊傳

苏婕妤　苏泰仁　著

南方日报出版社
NANFANG DAILY PRESS
中国·广州

图书在版编目（CIP）数据

苏卧农传 / 苏婕妤，苏泰仁著 . -- 广州 : 南方日报出版社，2024. 10. -- ISBN 978-7-5491-2925-6

Ⅰ . K825.72

中国国家版本馆 CIP 数据核字第 2024DF4159 号

SU WONONG ZHUAN
苏卧农传

著　　者：苏婕妤　苏泰仁
出版发行：南方日报出版社
地　　址：广州市广州大道中 289 号
出 版 人：周山丹
出版统筹：阮清钰
责任编辑：李嘉荟
责任校对：阮昌汉　符文达
责任技编：王　兰
经　　销：全国新华书店
印　　刷：广州市岭美文化科技有限公司
成品尺寸：142 mm×210 mm
印　　张：7
字　　数：116 千字
版　　次：2024 年 10 月第 1 版
印　　次：2024 年 10 月第 1 次印刷
定　　价：65.00 元

投稿热线：（020）87360640　读者热线：（020）87363865
发现印装质量问题，影响阅读，请与承印厂联系调换

〖序　言〗

□ 陈广腾

东坡先生是四川眉山人，但在广东也留下了他的足迹、他的故事、他的诗文，同时，也有他的血脉。中原入粤广府人，先在珠玑巷，经北江来到珠三角，其后如何扎根拓殖，如何营生，如何发扬光大，这本传记传主，就是一个鲜活的苏氏后人样本。这本传记传主家族，就是中原岭南文化融合嬗变的一个生动样本。

中华民族百年来历经苦难与辉煌、新生与曲折、自我否定与重拾自信，这本传记传主三代人的生活经历与精神世界，就是一个令人肃然起敬、令人扼腕叹息又油然欣慰的珍贵样本。

从接触岭南画派的作品开始，我就始终对这本传记传主苏卧农先生心存无限敬意。幸运的是，生活让我与他竟是如此有缘与亲近。

若干年前，我的儿子正在排队参加高考体检，大声报出自己名字之后，排在后面的陌生青年拍着他的肩膀说："我爸爸和你爸爸是好朋友……"

这个青年，就是这本传记的第二作者苏泰仁，传记是他和他的姐姐苏婕妤合写的，他们都是在读的文学和艺术学方面的硕士研究生。当他们的父亲苏百揆先生把这本孙辈写爷爷的传记样稿给我并让我提提意见时，我一口气把它读完，如饱尝了一席盛宴，不禁对广东艺坛的苏门三代人钦羡赞赏。

百揆兄也让我写个小作文，算是序言。虽然我不是这方面的专家，但我想，论感情，我是极其乐意的；论真诚和热爱，我是有资格的。于此，我愿作以下导读：

这是一部以个人线索展开的家族史、艺术史、社会史、政治史。传主70多岁的人生，折射着社会百年的变迁及社会生活的方方面面。它仿如一个窗口，展示了岭南画派的探索、形成过程及其艺术特色、代表人物。书中以时间为经线，把传主的一生，分成《溯源寻根》《学有所成》《艰辛时日》《成就辉煌》《岁月安然》五章，书中附录了传主年谱及数十件代表性作品。每个章节，融人生大事及作品评价、艺术笔记于一炉，有机地处理艺术与人生、个体与时代的关系，让读者立体地感受了传主的人生况味、艺术境界，以及他所处的不断激荡的时代氛围。

这是一部冷静而深情地致敬历史与先辈的夹叙夹议的评传。作者在客观地展现传主的人生经历与艺术过程中，不时带有点评性礼赞式的文字，抒发一种或赞赏或惋惜的意绪。即使没有直接评论，在冷静客观的叙述中，也不难感受到年轻作者的骄傲与欢欣、痛惜与惋叹。这种情绪的表达极具感染力，让人咸与悲欣，一起触摸到历史的温情与痛楚。

这是一部关于岭南画派极具代表性画家的作品赏析，也是岭南画派于花鸟画科极具质感的理论与实践展示，是一份极其珍贵的史料。传主的花地园圃，活跃着岭南画派如居巢、“两高一陈”及其弟子的写生身影与酬唱清谈。某种意义上，这里也是岭南画派的艺术渊薮，与居巢居廉的十香园、高剑父的春睡画院一样，是观察研究岭南画派的重要场所。在孙辈的笔下，传主正如他的名字“苏文”“苏卧农”所透出的，充满耕读诗书的气质，闲淡恬静，又勤恳专注。此刻，老照片里的美人如画公子如玉，在时光的那头遥望，恍惚间，只见花落池边，鱼游浅溪，而你就在那光里推杯换盏，诗歌唱酬……

这部传记不长，却很沉厚，也很悦读，如一座斑斓的宝藏，又如一溪花开花落、鱼跃鸢飞的清流，更有如金庸笔下那般浪漫的执着的苦痛的情，让人羡慕，让人遥想，让人叹息。

这里有相濡以沫的爱情。传主与香港收藏家关家三兄弟之妹关琪仙相爱与相守的故事，堪称近代版才子佳人。

这里有光影摇曳的亲情。传主对几个儿子的教导，充满温情、智慧与谐趣，让人体会舐犊情深，更体会书香门第、家学传承。

这里有至仁至义的友情。下面原汁原味的书摘，让我们回到往日时光，回到传主与师兄方人定生命的最后时刻：

1975年2月26日（正月十六日），苏卧农挚友一

生知己、同门师兄方人定先生逝世。为此，苏卧农先生痛心不已，他的学生回忆："方老师逝世后，我去看望苏卧农老师。只见他独自在火盆旁摆上酒杯烧冥纸，默默地拜祭。当时我还劝他，不要太伤心。没想到几天后……"3月17日，陈子毅等友人来探望苏先生，共聚良久，苏先生以家宴招待，小酌数杯，提及方人定师兄，更是感慨不已。晚上9点，卧农沐浴后感觉有点头晕，即被送往芳村人民医院诊治，并留院观察，吊瓶输液。其时，妻关琪仙、儿子苏百揆侍陪于左右。输液时，有药物沁出血管外的现象。妻琪仙感到丈夫卧农病情严重，随即通知医生……

传主的人生年轮，就这样定格在1975年3月18日凌晨，终年75岁。这时，"文革"的寒冬还没有结束，改革开放的春天还没有到来，他是带着遗憾与不甘离开人间的。所幸，他的儿辈孙辈，通过这本传记，让他永远住在春天里。写到这里，我想起了在作者苏泰仁出生前，百揆兄告诉我花地一带要进行房地产开发，要拆除苏家祖屋，问我能否通过一定方式争取保留。我也曾努力过，但没有成效，今天想起来，十分遗憾。我又想起了在苏泰仁刚出生时，我去看望百揆兄，此时，他们在花地的老屋已拆除，全家寄居在外祖于广州海珠中路的房子。在那里我见到了百揆兄的母亲、传记中知性美貌的富家小姐关琪仙女士，十分荣幸。

谁识剑花是与非，春风秋雨大生机。
霸王难量天地阔，自在星岩挹翠微。

这是传主为作品《三棱剑花》题的诗，充分展现了他的旷达情怀与创新精神。在此之前，未见有以剑花为题之画传世，也鲜见以峭壁悬崖绘入花鸟画中，这种博大的气魄，体现了他的艺术宗旨：“含英咀华扬今榷古，钩玄提要熔西铸中。”他从传统的宋院绘画中，经过取舍，提取精华，在写生实践中创作出具有个人风格的新一代花鸟画，表现出其时代的领先性。这样的作品不少，读者可以慢慢咀嚼。

传主曾为他的《月光花蝶图》赋诗：

月光花蝶梦，清晓露初寒。
素影怜香憩，藤藩独寄安。

这样美好的文字，在传记中随处可见。这是一本好传记，我很感谢百揆兄让我先睹为快，也要为婕妤、泰仁两姐弟打上满分：后生可畏！卧农先生应该无憾了。

作者系南方报业传媒集团（南方日报社）副总编辑，南方杂志社社长

目录

【苏卧农作品选录】

第一章
溯源寻根

第一节　童年

自古以来，广州作为海上丝绸之路的起点，水上交通便利，来往商船云集。广州城西南处，原是芳草萋萋的河滩地，明代始有居民在这片河滩地上开荒植花，初名“花埭”（“埭”为土堰之意），因谐音，后称“花地”。由于得天独厚的地理环境，在当地栽花种树实在是一件平常的事。漫步花地大田街上，自会看到各式花田园林，鲜花盛开，香气袭人。悠悠地走过石板桥，拐过一河绿水，有一座别致的花园。若是第一次从迂回的陆路至此，那还真得绕一圈才能找到院子的入口。行人亦可驾一叶扁舟，从珠江顺着蜿蜒的小河而至。登岸步入绿荫小径，推开虚掩的柴扉，顿觉兰香湿衣，清气沁人。院中庭荫蔽日，水廓环回，花果馥郁，这就是卧农先生的花园。走进院门有高耸的槟榔树、硕大的人参果树、数百年的杨桃树……园内有花田，有池塘，还有翠竹林，此乃苏氏先祖自清代雍正年间创下的基业——馥林园。

苏氏先祖（十四世宣华公，字孔朗）自清代雍正年间（约1723年），由古鉴村（现广州市白云区石井街庆丰村）迁徙至西郊花地策头村（现广州市荔湾区花地乡），创业置田，始开枝散叶。苏子蘅，名瑞科，十九世祖朝恩公（生于

■朝恩公苏子蘅与妻子梁氏合照

1859年七月初四，逝于1936年十二月一日）娶妻梁氏，生三子三女，长子苏文（苏卧农）、次子苏桔、三子苏勳。朝恩公苏子蘅享年81岁，生平勤俭好学，以种花果为业，信守祖训："为善积德，忠厚待人，教子孙立业，为读为耕。"苏子蘅著有《植花花谱》《果树栽培》等书。

苏氏二十世祖廷焜公——苏卧农（生于1901年三月初八，逝于1975年三月十八日），原名苏文，幼名肇姜。娶妻李氏（生于1905年，逝于1938年），生四子，长子伦。1946年，续娶关氏，名琪仙（生于1917年6月，逝于2003年3月），生一女三子，女美华、五子百齐、六子百钧、七子百揆。

苏卧农身为世代花农的苏氏朝恩公之长子，自幼学习栽培花果之技，这一切都有利于他亲近、感受大自然花鸟世界之美。苏卧农在笔记中如是写道：

花地乃广州生产百花万卉之地，名闻中外。当时花地多名园、别墅。奇花异草，包罗万有。去各外地，收罗种子回来种植。春季时候花开，遍地锦绣，不让当年洛阳也。如我家园中花种已有二百余种之多，果树亦有数十种，四时有花有果。

珠江三角洲向来交通发达，昔日以水上船运为主，来往游客乘小船而至，商贸往来与探亲访友者络绎不绝，船只穿梭于珠江水道，一片繁荣景象。据《芳村文史》所述，古时这里曾是一片长满水草的沼泽地，至唐朝官方在今花地河河口斥巨资设立大通港，与广州城隔江相望。今天的花地河，在唐朝称为“大通通津”，是当时广州通西江、北江必经水道的出入口。不管是从外国运抵广州的洋货北上中原，还是从中原运来的商品南下，此处乃必经之地。“大通”之名源自大通寺，寺中有一口井，每每风雨欲来便烟雾缭绕，故成为旧羊城八景之一的“大通烟雨”。清朝广州持续“一口通商”两百多年，当广州十三行的商人活跃于全球贸易圈时，芳村花地各大园林也成为外国植物学家采集岭南本土花种的宝地。许多珍贵的本土花种都从这里漂洋过海，芳踪遍及世界，同时这里亦是引进外来植物的交易集散地。

每逢节日，花地各大名园办花展，摆花局，吸引无数游人乘船而至，涌入花地赏花游园。一如清代文星瑞《珠江春泛》之诗景：“千队红妆万枝桨，桃花春水白鹅潭。”坐在画舫上的游人沿花地河顺流而下，在花海里穿梭，时而在浓密树荫下栖息，从往来的杂货艇、粥粉艇上买点小吃，时而登岸赏花会友，着实惬意。

苏卧农在他的《画画心得·居廉师公深入生活》中提到：

居廉师公，少从戎帷幕，中年返乡河南隔山（广州市海珠区），以画为生活。他喜爱花卉，在乡村边开辟地种树、种时花，名曰“十香园”。现在隔山之迎祥里是他居屋住所也。他每年十二月来花地“纫香园”居住数月，至明年三月春尽、百花开至蔷薇之后，方返隔山居住。他是纫香园主人笛舟的老朋友。居廉来花地探友，深入写生生活，乘兴而来，兴尽而归。不费财，不费力，得其所哉。曾时来我家园，先父与他认识。说他有一班诗画友人，如蒙而著、罗岸先等画人为作“一碟会”、联欢会。每月叙会一次，每人在家中煮制一碟菜肴、一壶酒，携到会吃喝，吟诗挥毫之会，亦一乐也。

居廉的学生，我能见到者，有伍懿庄（逸庄）、梁鹤巢、张纯初、容祖椿、孙志泉、高剑父、陈树人等。除高、陈二人还能学师之道写生作画，其他各人多是老师画稿写法不变。因他们是临摹老师画稿，没有写生习练，只能印摹之法，无创作能力，其作品不如其师之神气。所谓传统画法，只学其形似，而对社会人士说他是真正居廉画法，其他失传矣。所谓传统之流，源流不动之污水，闭塞不通洼地水，是腐臭的水。所谓流派，传统之流，只有其师之教，不知师之道。

居廉（1828年9月—1904年5月），于37岁（1865年）在十香园（今广州市海珠区隔山社区）开帐授徒，桃李满园，成为晚清、民国时期影响岭南画坛的中坚。后来，其弟子高剑父、陈树人留学日本，将日本美术的改良思想带入岭南美术，提倡“洋为中用，古为今用”，当时被称为“折衷派”，后被称为“岭南画派”。居廉被称为“师祖”，十香园被后人誉为“岭南画派之摇篮”。

朝恩公住在花地，有自己的田产，又勤勤恳恳地耕种，日子过得殷实。他四处收集不同品种的花卉，在自己的田里种植。如此一来，苏家的花田总是一年四季花期不断，花团锦簇。朝恩公为人爽朗，交游广阔，文人雅士总爱到他家做客，饮酒谈笑，吟诗挥毫，好生快活。

苏卧农原名苏文，“文”字寄予了其父朝恩公对儿子学好文化的殷切期望。苏文自髫龄起握笔练字，父母就是他的启蒙老师。从执笔姿势到识字，以及学习花木栽种嫁接之技，父母让年少的苏文对生活事物有更多认知与实践。

苏文幼年，时值清光绪年间，科举制已被废除。好学上进的苏文不愿受僵化的八股教学所束缚。他在花地罗建侯书塾学习，书塾老先生是一个落第的老学究，他总觉得老先生教学方式死板、无趣。朝恩公知道孩子不适合这种老派守旧的教学方式，于是把自己的馥林园作为学堂，请来优秀的老师张步云、左献文、潘健卿等教导苏文。年轻教师张步云其时只有21岁，没有经历科举考试，思想开放，善写柳公权书法。他注重书法教育，每天下课前让学生们练习书法，然后进行评比，调动了学生对书法的学习兴趣。

学堂里的另一位老师左献文，常鼓励苏文学好书法、画好画，这样将来可行走四海无忧。于是，苏文加倍努力学习，昼读诗书礼乐，夜练书法、绘画，还与父亲在花园里一起干农活，培植花果。尽管农活艰辛，但日积月累，苏文也练得一手好书法，并时常帮街坊邻里写商铺横匾，其书画习作常得师长、亲友赞许。朝恩公见儿子苏文勤奋好学，甚为欣慰，故非常支持儿子学习绘画艺术。

朝恩公甚爱书画艺术，于馥林园赋对联“西洞石华蕉叶白，东坡诗帖荔枝丹”挂于堂中，其联化用怀素与东坡之典故。上联意为：怀素用蕉叶练字，终成一代书法宗师，其书法如惊蛇走虺，有骤雨狂风之势，后人赞之“若教临水畔，字字恐成龙”，称之为“草圣”。下联意为：苏东坡适贬岭南，赋诗“日啖荔枝三百颗，不辞长作岭南人”，可见东坡才情旷达，胸襟广阔，虽受贬，仍造福一方，无愧为唐宋八大家之一。

其时正值民国初期，兴起剪辫的浪潮，大家纷纷剪辫。苏文也不例外，他早就觉得拖着长长的辫子在身后甚是累赘。他摇头晃脑地读书时，身后的长辫就会跟着摇摇摆摆；

有时蹲下来干点什么时，长辫又会拖地；平日洗头也麻烦。如今，一听到剪辫的好消息，他就响应这股浪潮把辫子剪了。顿时，整个人神清气爽，步履如风。

苏文作为家中长子，从小就睡在馥林园的小屋子里，从早到晚看护花田，一直帮助父亲栽培花果，很少睡在苏家巷的大屋子里。诚然，这是一种责任，但对于从小爱花、惜草的苏文来说，自必乐在其中。

第二节　志向

1915年6月连日暴雨，水灾突袭，广州北江、西江、东江洪峰过境，珠江流域发生特大洪水，花地地势低洼又毗邻珠江，苏家的数亩花田被水浸没，所有花苗、盆栽皆被淹死。于是，14岁的苏文就半停学，帮助父亲种瓜植菜维持生计。

台风过后，暑气不减，湿热的天气让年事已高的朝恩公生了一场大病。苏文日日在旁照料父亲，拿着热毛巾为朝恩公擦汗、擦身子。他见父亲没胃口进食，就到院子里的瓜棚，挑些又大又结实的冬瓜，切成细细的瓜肉，又在花园里抓了些田鸡（蛙类），与冬瓜一起下锅，煮成一道冬瓜焖田鸡，既消暑又滋补。果然，这道菜让朝恩公十分开胃，渐渐恢复了精神。

由于园中花草毁于水灾，为了维持家中生计，年方15的苏文去广州市下九路德昌茶楼打工。其间，他亲身体验社会底层之艰辛，并深刻认知社会各阶层的人生百态。因其写得一手好书法，老板请他帮茶楼写菜牌。平时，他就跑堂忙活，招呼客人，毫不懈怠。待到休息时，他随即拿起笔和纸画起速写。因茶楼众生云集，倒也不缺“模特”，这番工夫下来，苏文的速写水平也日益提高。到了晚上，他和其他伙计一起在茶楼搬来板凳，搭一个简易的床歇息。此刻，苏文拿出书本细细地读，认真学习，没有因为工作而荒废了学业。

德昌茶楼是一个信息聚集地。其时正值新旧思想、文化激烈碰撞的年代，且广州作为通商口岸，各类外来文化云集于此。年轻的苏文关心社会动态，见识了各种各样思潮的起伏。1919年，五四运动爆发，像一声春雷唤醒国人的爱国热情，把新文化运动推向一个新阶段。这亦影响了酷爱美术的苏文日后对进步文化的抉择与追求。

奉父母之命，苏文18岁与李氏完婚。按照当年的风俗，子女的婚姻是由父母安排，苏文婚事也不例外。婚后他们就回家园中耕种，此时，苏文已挑家业大梁，忙于经营花园内外大小事务，植树栽花。

园内有数个小池塘连通着珠江支流花地河，池水清澈。苏文放入鱼苗，又种上荷花，夏天来时，池塘一片风摇叶摆、芙蕖盈盈、鱼儿畅游的美景，洗涤了夏日的炎热和烦躁。荷花开过后，就要把池塘中的水抽干，抓起肥美的塘鱼，采撷清脆爽甜的莲藕。当然更要紧的是把池塘的淤泥挖出来，这样池塘就会变深，便于蓄水和灌溉园中植物。那些淤泥也成了上好的肥料，为花草树木提供养分。

由于世代以花事为业，苏家园中盆景颇多，苏文对盆景艺术很有心得。岭南盆景历来以广州为代表，当年尤以花地的盆景艺术享有盛名。此处四季如春，古树葱茏，苏文多选用榆树、雀梅、黄杨树、九里香和福建茶树等品种，培育成为盆景树桩，以“截干蓄枝”为主要制作法，先对树桩截顶，以促枝叶生长，又经反复修剪，而形成干老枝繁的特色，挺茂自然、飘逸豪放的风格。苏文又利用英石造景，模拟山水画中远近纵深的意境，构成“一石成山，咫尺千里”的雄奇气势。这种充满岭南特色的盆景园林艺术，高秀挺拔，密叶叠翠，显得野趣横生，深受民众喜爱并享有盛名。

经过苏文的悉心打理，园中的树木渐渐恢复了生机，尤其是祖辈种下的数十棵杨桃树、黄皮树。杨桃是花地的特产，皮薄果甜。秋天杨桃结果后，苏文每天都摘满几箩筐到市集出售，以维持家人生计。很快，柿子树也挂满了殷红的果实，家中的弟妹特别喜欢来到树下数数今年又结了多少个柿子，毕竟谁都会被这红彤彤又鲜甜多汁的美味引得垂涎三尺。秋天，园内各种果树都成熟了，绿色的柚子稍不留神就长成了金黄色的大块头，沙榄树、黄皮树也结出一串串的果实，引来鸟儿在树丛间飞来飞去。这年秋天的丰收让人欣喜，苏文特意引入本地名贵的花卉品种，为来年的春天做好准备。广州的冬天转眼就过去了，花苗长势良好。苏文将种花心得结集成册，还专门记录了兰花的栽培，茶树的育苗、嫁接技巧，还有各种土壤、灌溉、虫害的注意事项，巨细无遗。每天，苏文都在修枝、除虫、浇花，一刻不停。虽然身体疲累，但园中五光十色的胜景，让他心里非常充实、满足。兰花圃里的金丝马尾、白墨兰花在风中摇曳，幽香雅逸。花田里的茶花有数十种，五彩、铁甲宝珠、十八学士、

《花地河畔写生》，苏卧农1963年作

宫粉茶、梅茶、六角茶等名贵品种不胜枚举。尤其牡丹茶树长得非常茁壮，甚至高于屋顶，树上繁花朵朵盛开，生机勃勃。苏文盘点花园的收支账目，看着收入盈余，脸上不禁露出了甜滋滋的笑容，朝恩公也甚为欣慰。

因农闲之余苏文勤于绘事，故取名为“卧农”，其意为好文而忙于农事，只能在他人睡卧之时，才有时间作画。且“苏”字有苏醒之意，即朝起以耕种花木为生，夜里闲时亦忙于“笔耕”美术、文学之事，可谓耕读两不误。无论何时何地，只要一有时间，他就拿起笔画起来，已成习惯。

酷爱书画的卧农先生常去参观画展，留意着当时画坛的动向。当他参观高剑父、陈树人、高奇峰画展时，被其充满时代气息的绘画语言所吸引。画展中的作品透出当时的活力，我们只要回顾当时“二高一陈”的作品，就可感受到其浓烈的生活气息与创新精神。高剑父曾在《我的现代国画观》中提出："不管什么画派，也不分中国和外国，都去芜存菁，一炉共冶，创立出一种不脱离民族风格而推陈出新的现代新国画。"他们的画风当时被称为"新风"。"二高一陈"师出同门，是岭南画派创始人。他们的作品各具特色，高剑父画风苍茫雄奇，陈树人画格蕴含书卷气，高奇峰笔墨灵动。然三人皆有共同特点，就是身处新旧思潮碰撞的年代，以振兴中国画为己任，决心把中国画推向新的时代。他们以"写生"为切入点，观察当时生活之景象，将所见所闻提炼入画，因而其作品极具时代精神与生活气息。这种艺术创新精神深深打动了苏卧农，使他明确了艺术的追求与方向。

高剑父、陈树人、高奇峰三人曾留学日本研学美术，也曾参加辛亥革命，因其热爱美术，故以"艺术救国"为口号提倡对中国画的革新，提出以艺术唤醒国人。高剑父创办春睡画院，高奇峰创办天风楼，开帐授徒，他们有不少学生日后成了岭南画派的扛鼎巨擘。

第二章
学有所成

第一节　求学

1926年，高剑父创办了佛山市立美术学院。同年，苏卧农以优异成绩考进该校国画科。院长高剑父常为学生讲课，还聘请了不少国内外优秀的教师前来讲学。苏氏后来在手札《绘画记》中回忆："初入佛山市美术学校绘画时，第一次由高剑父院长上课，便是教梅花。曲尽神妙之笔法，以种种比喻梅之清气、高逸……"

在校期间，苏卧农曾作《长虹》（1927年作），用雄健的笔墨绘出雨后复斜阳的景色，又用淋漓尽致的大笔墨绘出树冠雨笠烟蓑之湿润。在这幅画中，观者可以感受到无穷新意，上方是开阔的高空，雨霁彩虹，远至天际，令人遐想。郁郁葱葱的树后是江南小筑，勾檐脊顶。画面以中景构图，

1926年，佛山市立美术学院师生合照

打破晚清时期陈陈相因的陋习，这在当时的国画画坛是一个重大的突破。

时光荏苒，苏卧农在佛山市立美术学院学成后，心知学海无涯，决定继续深造，遂上门求高剑父先生赐教。此时，高氏已年近半百，享誉国际，在广州创办了春睡画院，其中“春睡”一词是取诸葛孔明“草堂春睡足，窗外日迟迟”之诗意。苏卧农诚心来到高氏的处所，深得高先生垂青。高剑父与之详谈一番后，视苏卧农为可造之材，收他为入室弟子。知其勤奋好学，家境又非富裕，遂免其学费并提供食宿。其时，有同门师兄容大块、方人定一起学习、深造。

得高剑父先生教泽的苏卧农，每天苦心钻研学问，虚心求教，充满学习热情。高先生喜欢带着他去各个地方写生。有一次，他们来到了码头，看着千帆待发的渡口，卧农不禁拿出纸笔，挥毫点抹。他以“四两拨千斤”之势作《山村花艇》（1928年作），一艇篷船悠然在河上晃悠，与那远处交错如织的高桅花船形成鲜明的对比。画是作者心灵的写照，在喧嚣中也能保持着那份悠然自得，确是苏卧农先生的天性使然。同年所作的《寒林图》也是一件写生作品，笔锋侧下，寥寥数笔，杉木在寒风中摇晃的姿态已跃然纸上。苏卧农极重画理，又对四时景色之变观察入微，此图为突出寒意，前景仅有两三棵清晰的杉树，远景的树林全被罩上了一层湿润的浓雾。这些本是常见不以为奇的景物，经画家笔下取舍妙得，呈现出一种风雅的诗意。

苏卧农（右一）在春睡画院留影

他画的山水风景清雅醉人，偶画的人物图更是意蕴无穷。如《摘果》（1928年作）古典清新，或如《望月》（1928年作）富有创造力。说到《摘果》，苏卧农花园中，有棵高高的柿树，每年秋天挂满红柿。画面上方，柿树枝交错穿插，层次分明，虚实相生。画面下方，留出更多的空间突出摘果的少女。回想一般的美人图，一律是突出美人的巧笑嫣然，但此作仅画女子的侧背面，这种处理手法让观者把注意力集中在她抬手摘果的这一行动过程，突出了画题。少女发式符合传统审美趣味，黑发光泽符合明暗深浅层次，尤其那一缕松散的青丝，微微弹起，可见画家腕力；人物衣裙皱褶用高古游丝描画法，古雅优美；透过白纱，少女身姿若隐若现，裙边花纹也随着人体曲线的起伏而流转，还因受光的不同，呈现出颜色深浅的渐变。从头发到衣裙，可见其观察入微，深思熟虑，细节处亦见巧思。

至于《望月》一作，令人过目难忘。此作以人物为主题，如空中楼阁般充满了想象力，真如“言有尽而意无穷”之境界。画中凌空的美人伸出双手，似欲揽月，又似举杯邀月，意境尽在不言中。画面背景被渲染成层次丰富的暗夜之色，突出明月之皎，体现出画家苏卧农对中国画发展的各种尝试和探索。

苏卧农还以山水融入花鸟画中，创作了《观瀑》。万千水流从离地千仞的刚硬岩石中飞跃而下，仿如激起巨大回音，振聋发聩。坐在石上的猴子悠然自得，观瀑静思，充满诗意。笼罩在瀑布水汽中的猴子，毛发细软，画家用笔温润，将猴子的样态刻画得淋漓尽致。

苏家花木繁多，云雀、黄鹂常戏于枝头，高剑父常带学生来到苏家花园里写生。学生们每每受益匪浅，通过认真观察高先生挥毫时之选材、布局、用笔、上色等技巧，获得更多体会和感悟。

《春木栖禽图》是作于1928年的花鸟小品，画中树枝

苏卧农与高剑父（右二）、李抚虹（右三）、叶永青（右四）合影于广州花地乡木桥上

奇崛，枯涩的树干与浅淡的树影相互映衬，营造出远近虚实的空间感；红萼闹枝头，确是春意盎然之景。此作最精彩之处是那栖息于枝头的小鸟，苏卧农寥寥数笔就把鸟的形态结构、光影、质感等表现出来，没有一笔多余。这种简洁到极点的表现能力，非一日之功而能就。其笔简意达，耐人寻味。

说来，还有这样一件趣事。在春睡画院期间，苏卧农爱画鱼，尤爱在水中活泼之鱼，且知鱼之乐，故每有佳作。在一次青年画展中，苏卧农以《寒潭鱼梦》参展，挂画时遇到同在布展的师叔高奇峰。高奇峰看到这画后，大赞这鱼画得好，还误以为是家兄剑父之作，后来看了落款才发现此乃师侄卧农所作。

确实，在高剑父诸多亲传弟子中，苏卧农是花鸟画成就最突出的。1928年，其作品《游鱼》《红豆白鸽》赴欧展览，后在1930年获得比利时万国博览会金奖。为此，刘海粟曾手书条幅予苏卧农，一来以表友好之意，二是流露对《游鱼》一作的喜爱和赞誉。作品《红豆白鸽》描绘了在丽日下的晒场，一群白鸽在盛满红豆的席子上觅食的情景。鸽子形态各异，和而不同，千百粒红豆，卧农以“撞水撞粉”技法画就豆圆红润的玲珑剔透。其师弟黎雄才每每提起总是赞不绝口。

苏卧农的花鸟画总带着一种诗意的空灵，兀立寒松的苍鹰、柳荫闲眺的蓝燕、枝头顾盼的斑鸠，形神兼备，透过这些小生灵的眼睛仿若能妙悟作者之意。在中国美学中，灵境的最高境界就是“物我两忘”，即物亦我、我亦物。小我的生命与生机盎然的宇宙生命在节奏上完全融成一片，个人的小我化为宇宙的大生命，两者融为一体，是对宇宙、人生深层意义的最高体验，这种体验在苏卧农的花鸟画中便能找到。

苏卧农早期的作品中，已然流露出“无我”之境了。如作于1929年的《鱼梦》，洁白的睡莲、漫在水中的月影和浅翔的游鱼都用“没骨法”（指不用墨线勾勒）画成，让月夜荷塘透着一种朦胧的美感，这正是画家早期追求的境界。游鱼身子微微一侧，轻拍尾巴，打破了画面的“静”，它仿若穿过了层层碧波，悄悄地接近在黑夜中柔和而耀眼的光源，静中有动，渐入空静之境。

此画以《鱼梦》为题，未知是否隐寓“庄周梦蝶”，或“濠上之辩”乎？鱼追月梦者，乃物化而心游玄冥，物我两忘，恰如“空”的禅意。水中月，镜中花，大音之希声。

1929年，高剑父与苏卧农等其他弟子到肇庆鼎湖山写生23天。烟水迷离，飞鸟浅鸣。在七星湖上，他们乘坐轻舟破水而前，苍翠的丛林中，湿地的候鸟群聚，让青年卧农感到如痴如醉，灵感不断。他们一起住在鼎湖山的庆云寺里，庆云寺的住持是高先生的忘年之交，十分热情。

苏卧农每天早上外出写生，晚上回到寺里与师友一起赋诗作画。高先生经常与弟子们清谈玄学，吟诗作对，他们戏语为“清游会”，有如居廉到花地进行“一碟会”那般，在灵气聚集的自然之境中，共同探讨艺术创作以及学术问题，自由畅谈各自的艺术主张，既是一种很好的交流方式，更是

苏卧农（右三）与高剑父（右四）等人在肇庆鼎湖山飞水潭前合影

人文精神的最好体现。直到“文革”前，庆云寺里还挂有高先生与苏卧农等弟子的墨宝。

1931年，苏卧农创作了《荒烟蔓草》，题跋：

遇物时能曲，委天自不斜。可怜无尺土，亦复着高苍。柔是长生道，清宜处士家。柴门开一角，山月也从遮。

辛未秋九　卧农

藤木遇到阻碍能屈能伸，却不改变努力向上生长的意志，即使少有泥土的滋润，亦能长得又高又远，直上苍穹。

第二节　留学

苏卧农的师父高剑父早于1907年东渡日本，考入了东京美术学院，这里正是代表了日本近代美术思潮的集中地。他还加入了艺术主张各有不同的“白马会”和“太平洋会”，广泛地接触各种艺术流派。这与辛亥革命运动的兴起有密切关系，高剑父曾经积极投身辛亥革命，认为艺术关系国魂，决心把艺术革新作为唤醒民众、强国与育民的重要手段。1907年到1927年间，高剑父曾多次前往日本，参观当地博物馆和图书馆展出的日本画。他与日本画家横山大观（Yokoyama Taikan，1868—1958）、菱田春草（Hishida Shuns，1874—1911）、桥本雅邦（Hashimoto Gaho，1835—1908）等人交往，常一起研讨绘画艺事。自高剑父游学日本后，岭南画派的先驱高奇峰、陈树人及其追随者也相继赴日学习。高剑父以日本借用外来画种来改良日本画为例证，提倡“洋为中用，古为今用”的艺术理念，开拓了中国画的创新和发展的道路，后来创立了岭南画派（当时称“折衷派”）。

1932年，苏卧农在师父高剑父的推荐下，远赴日本东京美术学校研究部留学。在送行时，高剑父挥笔书写“艺术救

1932年，苏卧农在日本东京写生

国”四字赠送给苏卧农为座右铭。在日本，他跟随画家川崎小虎（Kawasaki Machi，1886—1977）学习绘事，两人关系甚密，亦师亦友，常深究艺术之论。他也和同门校友东山魁夷（1908—1999，后娶川崎小虎长女为妻）时有交往，研讨学术。

在日本学习艺术的经历让苏卧农的视野豁然开朗。日本画大胆吸收欧洲水彩和油画的变革之路，触动了立志推动“中国画革命”的苏卧农。

一天，卧农偶然间听到两位日本教授对话：

“……在军事上打败中国容易，但在文化上要打败中国则很难……中国绘画艺术上，花鸟画是一座高峰，要在花鸟画这领域上战胜中国……”

时值祖国国力弱微，苏卧农顿生痛意，意识到民族之兴离不开文化的强盛。国画乃中国的国粹之一，于是，他下定决心，专攻中国花鸟画，欲使其在传统的基础上再创辉煌。

自此，一有空余时间，苏卧农便四处奔跑，寻找、观摩、临摹流失在日本的中国历代花鸟画原作，并精心研究花鸟写生。

说来也怪，一个中国留学生到了日本竟然如此用心地搜集中国画原作，而不是一味地临摹学习西洋画，这自有个中道理。中国花鸟画最精妙之处就是以线条为音符，设色赋彩当随物象谱就，气韵则视作者的底蕴自然呈现。这是中国画独有，区别于西洋画的特色之一。苏卧农通过西洋画中的素描、速写训练提高写生技巧，对立体、质感、明暗、透视原理等有具象的认识，学以致用，为他的花鸟画创作提供了

1933年，苏卧农（前排右一）与画家方人定（前排右二）等人在日本合影

1934年，中华旅日画家合影（后排居中为苏卧农）

多种元素，让他绘出不少生活气息浓郁却不失雅致的传世之作。《秋艳》（1932年作）、《孤梦》（1933年作）、《闲谈鱼梦》（1933年作）、《丹山白凤图》、《虎啸》、《睡莲游鱼图》等皆是苏氏在留日时，以中国画传统艺术为基础，以西洋画的晕染、光影、透视学为技法创作的。

《孤梦》如同一首朦胧诗，一只鸳鸯独自在梅花树下梳理羽毛，踏着清波，水中的红掌隐约可见，静谧幽远。画面上方，梅树横斜而出却得章法，远近纵深，耐人寻味；画面下方大片留白。作者通过背景渲染，营造出江水茫茫月影寒之境，这种技巧在当时是一种崭新的绘画表现手法。依水流转的几瓣白梅寄托着卧农对故乡的思念，一种淡淡的乡愁油然而生。

画如其人，苏卧农的绘画风格空灵清新，有其独特的魅力，画中之象，扣人心弦，意境幽远。他的画脱尽媚俗习气，淡然天真，在古朴天然中实现真正的革新。更难能可贵的是，苏卧农身处西学东渐的时代，在传统和革新中选择了一条适合自己的道路，并获得了令人瞩目的成就。

1934年，苏卧农与方人定、黄浪萍、杨荫芳、李东平、梁锡鸿、赵兽、李仲生、曾奕、白砂一起在东京神田区成功举办了“中华旅日作家十人展”。该画展增强了中日两国文化艺术的交流与互动，其意义影响深远。其时，日本曾是中国近代民主革命海外基地之一，也是近代中国新型的知识分子学习西方先进文化的去处之一。

1935年6月，苏卧农在日本东京美术学校研究部毕业。学成归国后，以苏卧农为代表的留日画家们高举革新国画运动的旗帜，提倡艺术一定要反映时代，为人民大众服务，在艺术实践上，注重写生，体验生活，鼓励独创，一洗中国画坛陈陈相因的旧习，促使当时的画坛重新去关注自然，去观察生活，从而带来艺术风格的演变，具有深远的史学意义。

苏卧农在日本东京美术学校研究部画室

1935年，苏卧农在日本东京观赏植物

后据方人定先生的夫人杨荫芳回忆：留学三年，苏卧农每晚不知去向。问其是否去找女孩，他笑而不答。直到留学结束时，才知道苏卧农每天晚上是去学习盆景艺术。大家同样去留学，苏卧农就比别人多学了一门技艺。背井离乡，旅居在喧闹的都市中，苏卧农没忘记家人含辛茹苦的培育，坚韧不拔地在浩瀚的学海中练就本领。后来，他把盆景艺术传授给长子苏伦，并弘扬岭南盆景艺术。

回国时，苏卧农带回了多种多样的花卉种子，其中有日本宫粉杜鹃和珍稀的茶花品种。他让这些花卉在广州落户生根。同时，他还带了许多珍贵的日本珂罗版画集。码头搬运工人问：“这数十箱是什么珍珠宝贝？真是好重！”卧农笑曰：“其实是画集书籍。”可惜，这些书均在“文化大革命”中付诸一炬。

第三节　归国

1935年9月，苏卧农归国后，广州市政府举办“欢迎方人定、苏卧农、杨荫芳、黄浪萍归国画展”。该画展轰动了全国学术界，展现了中国画发展方向。画展中的作品皆是当年留日学子最新的创作成果。在艺术革新的浪潮中，艺术品本身无疑是最有研究价值和最具说服力的，并且是最直观的、最真实的成果。

其中，苏卧农的参展作品有《豆场》《山葡萄》《月满》《斗鱼》《织鳞》《蜻蜓》《素虾》《山百合》《飞扬》《晓风残月》《半篙清涨雨初收》《游鱼逐落花》《朝露》。这次的四人画展，还感动了只身前来广州求学的关山月，他决定报考春睡画院，开启了他日后灿烂的艺术道路。

这一年，苏卧农可谓硕果累累。其作品《游鱼》入选“中国绘画赴欧展览”，先后在德国普鲁士美术院、日内瓦瑞京大厦展出。刘海粟所编的《中国现代名画集》有相关记述。苏卧农的《绘画记》手札中提到：“（余）曾出品《游鱼》参加国外展览。刘海粟手书与我云：‘你的游鱼为世界人民欢迎爱好。’”

苏卧农代表作《九鱼图》《双鱼图》同在此年所作。关于《九鱼图》，苏卧农曾在手札中提到：

> 曾绘《九鱼图》出展广州博览会。有人曾出三百余元要购，但我当时定价五百元，五百元之价是会场最高之限价也。吾当时不减价，如减价对艺术不够重视之感。后来闭会了，他又来春睡画院寻我，向同学们问能否卖与，我亦不减价应对之。此《九鱼图》后来在南京失陷时失了，是与剑父带去南京画展展览的画一起失去的。
>
> 后来虽有画鱼，但不多，而一出品必有人购去。余曾写一斗方只绘一条鲤鱼三四点浮萍便卖三百元。对我之画，真是喜爱极了。

在当年三百余元相当于一栋豪华的小洋房了，然苏卧农不为所动，此乃对艺术之诚，对绘事之“痴”。痴，是中国美学里最重要的一个字。1700年前顾恺之被别人说“画绝”，画是一绝，“才绝”，才华一绝，可最重要的是第三个“痴绝”。“痴”这个字很难理解，因为它有两种截然不同的用法，痴傻或者痴情，一字异意。但这字在美学里是很重要的，别人都认为你去做那件事情是傻，而你偏偏愿意去做，并投入真情，那就是“痴”。苏卧农不欲减价，恐失了对艺术之尊重，是“痴”；喜爱鱼，不但细心观察物象，认真写生，还收集摘录下历代名家绘鱼的心得，也是“痴”。

只可惜，我们无缘一见苏卧农的《谈鱼漫抄》了。

> 我今年绘鲤鱼回顾已不作此工作十五年矣，乃值得一记。一九三五年时曾记述一篇《谈鱼漫抄》，是抄录及自我经验的记述。如明代的周之冕等各代及各家绘鱼都记载起来，整个流派综合详细编写。而自己闲时拈来，阅古今与我经验，了然一切。该篇有海鱼、河鱼、塘鱼多种记载，为广州失陷时被劫失了。各参考书亦多散失，不暇再搜重记矣。
>
> ——苏卧农《绘画记》手札

苏卧农尤善画鱼，《九鱼图》中的七彩锦鲤，如入水中，簇拥畅游，设色多彩高雅，毫无脂粉妖艳之气。最妙的是，锦鲤鳞片上的那一线反光，让观者产生鱼翔水中的错觉。卧农的鲤鱼画法技巧确是领先于时代，从鲤鱼鳞片的光泽，到流水的波光，都经得起细品慢啜。卧农用传统宋院双钩渲染技巧，结合平日的细心观察，以及对色彩、光线的理解，创作出专属于苏卧农特色的绘画语言。同时，鉴于中国画材料和工具的特殊性，此作的效果无法借用油画、水粉画来塑造、表现。鱼的质感堪称一绝，流线型的轮廓富于动感，鳞色的渐变根据受光的不同以及水中光线的折射而变化，这正是引人入胜之处。

1936年，苏卧农在花地馥林园

图中锦鲤交叠其中，正是画家用心经营的布局。虽然鲤鱼都是自右向左游去，但位于最右面的白鲤却在青鲤下方露出半个头，鱼尾弯向上摆，欲穿急流向前，灵活而富于动感，而画面的一切又是那么自然而然。正如恽南田所说："神而化之，与造化同功，可谓神品矣。"

1936年，高剑父欲推荐苏卧农出任中华民国政府的一官半职。但苏卧农刚学成归国，一心倾注于艺术事业，不愿卷入当时官场的明争暗斗。于是，他选择担任广州市立美术学校国画科花鸟系教授。由于苏卧农在日本积累了大量的写生经验，学校特意邀其专门执教写生练习课程并担任花鸟画专科主任。

明清花鸟画倾向于"以物咏志"，借花鸟题材抒发画家的愤世嫉俗、志向高远，比如八大山人朱耷。但清末以后的文人画，逐渐趋向于玩弄笔墨，墨守成规，不少画面失去了说服力。苏卧农对花鸟画的变革正由此展开。其作品师法自然，一方面回到了宋元工笔画的笔墨精到，另一方面又注入新时代气息，从造型结构、画面构图、色彩冷暖、意象气韵着手，如鱼得水，让花鸟画焕发出新的生机。在写生中，苏卧农继承了古代优秀画家从生活中获取艺术灵感的传统，更为工笔花鸟画注入鲜明的时代审美观。在教学过程中，他强调正确对待传统文化和民族文化，提倡面向生活，注重写生，从生活中寻找艺术的源头。

在高剑父众多亲传弟子中，苏卧农的花鸟画成就颇高。除了绘画造诣，他的教学水平也深受同门师长的赞许，他非常重视教学工作，认为学生初入门时，应该先学好写生，能把看到的物象提炼成绘画语言，如实记录，这是学画画的不二法门。相反，如果入门只学习古画临摹，则容易种下陈陈相因的恶果，也无法得到更好的提高。

苏卧农的教学方法如是：

> 临摹古画是学习国画技法的手段，而不是最终目的。主要目的是丰富“新国画”的创作。要着重指出，一切技术学习的步骤都是要经过知道、理解、运用、创造四个阶段。民族绘画的技法有深厚的基础，非一朝一夕可以掌握。至于课程的安排，我不赞成有些人说学好了素描再临摹的主张。临摹不是一件简单的工作，应该列入基本课程。基础素

描与临摹练习，可同时进行。要加强以下三种辅助课：白描、速写和默写。

白描，在“素”的基础上进行，白描是素绢和国画形式相结合的又一发展。可以不用铅笔打稿，用毛笔直接勾勒，在造型上照顾到中国画线条归纳。速写，古人作画全凭目识心记。今日科学发达，社会物象复杂万变，非具备熟练的速写能力，不能适应瞬息万变物象形态。画家下乡下厂搜集素材，速写技术更是有力的武器。素描可以刻画物象细部的面貌，速写可以抓住物象生动的姿态，达到创作阶段。两者结合起来，过渡到默写。

苏卧农的《美校讲义》中对写生的意义、写生的技巧、写生的要点等进行了详尽的说明，此乃其多年绘画心得、体会，是实践后的理论精髓。现选录其中片段：

写生，就写生定义来述，写生切要有二样，即是写形与写生二样。写形云何？即要留心研究它的质地，把物形观察，质的作用写之。写生云何？即自然物意趣，精神的动态等为主要。所以写生不用详细形写出。因经过形态组织研究明白，远站立观察自然物神态将其写之，故写生亦含有写形，两者要细心领会，则得其神态形体合一，学者当明此意。

此言花卉习作，但写生不限于花卉，其他何物写生同一道理。

故写生第一要对物象的形体进行明确分析与综合来观察，且应对植物学有所了解。不但仔细明了组织写生，更要潜移默化彻悟内容的组织。花鸟的组织不能写其简陋。将最好的花形印在脑海中，他日在某一场合即席绘作时，便能运用出来。若缺乏记忆力，形态如何成立？更为另一方面，自然风气的趣味，写生为主，以收获多量画材。

写生花卉应注意时刻，花卉最娆媚时多是晨曦未上，夜露未干，花之神韵十分娇妍。画人应当于晨早到花园、野外取材，则绘出花卉有生气勃勃之态，有迎风含露之姿。

经过多年的写生，苏卧农积累了许多素材和经验，并在课堂上身体力行地为学生作示范。课余还结合教学需要，准备了丰富的线描写生和着色课稿，有各式各样的鱼类、鸟类、昆虫、花卉植物等写生稿件，并结集成册——《苏卧农写生集》。高剑父先生还为这本精彩的写生集亲笔题字。

苏卧农殚精竭虑地培育美术人才，获得学生们由衷的敬爱。1936年创作的具有南方花鸟画特色的《鹳鸽红棉》乃生宣写生的得意之作。用生宣作画难在既要造型准确，讲究笔墨功力，又贵在传神。此作鹳鸽墨色温润，用笔精妙，造型生动，得意传神。这得益于他在创作之前已经对鹳鸽进行过一番研究，常常仔细观察鸟儿的动静神态，待他下笔创作时，早已胸有成竹，一气呵成。在轻描淡写之间，鹳鸽跃然于纸上，形神兼备。枝上争春吐艳的红棉，揖让背向，落笔果断，无须复笔，可见用笔精到，更不失文人画的书卷气。

第三章
艰辛时日

第一节　战乱

1936年7月，苏卧农参加了上海、南京两地的“春睡画院师生展”，当地的观众被这种一扫因循守旧之习气且具备新的绘画元素的“新国画”所吸引。

由于反响热烈，同年10月，“苏卧农个人画展”就密锣紧鼓地在上海举行（相关记载可见《艺风》杂志）。这次的展览，再一次证明了苏先生的绘画水平。在动荡的时局中，他依然坚持搞学术，钻研绘画之道。艺术革命的路是艰难的，需要作出取舍，苏卧农的艺术主张“含英咀华扬今榷古，钩玄提要熔西铸中”更体现其取舍之道。提取传统之精髓，结合他在实践中所领悟的新技法，创作出具有个人风格的新一代花鸟画，这是非常艰辛、可贵的。画展展出时间短暂，但达到了预期的效果。不久，苏卧农与恩师高剑父都收到了中央大学美术系发来的聘书，特邀他们担任教授一职。这正是把岭南文化之革新精神，从珠江流域传播到长江流域，甚至发扬到首都的最高学府的珍贵机会。但没预料到的是，苏卧农父亲朝恩公在1936年（民国二十五年）12月1日与世长辞，正准备动身去中央大学应聘的苏卧农不得已将准备展览的40多幅画交给一位朋友带去参加展览，自己在家料理丧事。次年4月，其作品如期在南京展览，深获社会各界人士赞誉、同行称道，并在上海《艺风》杂志上大篇幅报道。1937年7月7日，卢沟桥事变发生，日寇侵华，抗日战争全面爆发。同年12月13日，南京沦陷，那朋友不知去向，苏卧农先生的画也没了踪影。他不禁捶胸顿足，多年心血画出来的精品画竟这样不翼而飞……这件事，确是令人感到遗憾。60多年后，在广州的一个拍卖会上，当年的40多幅精品中偶有一张《丹山白凤图》露相。苏卧农若泉下有知，不知该作何感叹！

卢沟桥事变掀开了全民族抗日战争的序幕。爱国青年苏卧农亲率学生们拿起画笔上街，制作抗日宣传画，以发动群众起来抗日。

1938年10月，广州沦陷，苏氏家逢巨变。苏卧农的三个儿子先后早夭，妻子李氏因无法承受战乱动荡、丧子哀痛，不幸离世。在战火纷飞中，其年幼的长子苏伦被外婆带到乡下避难。苏卧农决定拿起笔杆，以艺术振兴中华文化。在避居澳门、香港的日子里，他创作了大量存世之作，并在澳门举办个人画展。此后，他继续在香港的远东及九江、兴华、岭海等中学任国画教员，培育了不少的美术人才。

起初，苏卧农带着珍贵的画作逃难到越南，离乡别井的他还没有适应当地的气候，又匆匆前往澳门。在广州沦陷前，他的恩师高剑父早已到澳门，此番与苏卧农一起的还有春睡画院弟子司徒奇、何磊等。不久，剑父先生在澳门普济

1939年4月，春睡画院同学在香港合影（左起：关山月、黄独峰、黎葛民、梁惠清、苏卧农、李抚虹、杨善深）

禅堂妙香堂重开春睡画院。当时，与苏卧农一起习画的有方人定、李抚虹、司徒奇、伍佩荣、关山月、郑淡然、罗竹坪、赵崇正、何磊、黄独峰、何炳光、黄霞川、尹廷廉、李鸣皋等。

抗战时期，澳门的独特政治环境虽能让百姓暂避一时，但大批难民仍是饥肠辘辘。春睡画院的门人决定举办义卖展览，筹措款项，救济灾民。1939年6月8日至12日，“春睡画院留澳同人画展”在澳门议事亭前的澳门商会二楼举行。此番义举，外界评价甚高。1939年7月，简又文于《大风》旬刊上发表的《濠江读画记》中如实叙述：

……参观者络绎于途，拥挤一室，因不需门

券，科头跣足亦一体招待，更有好几家学校的学生列队而至，益见是会以市民化和普通化。更有不少中西男女人士特由香港买棹前去参观。统计一连五天，入场观画者逾万人，是濠江空前之文化盛会，抑亦南国艺坛之盛事也。

在此展览中，苏卧农的画作赢得了众多爱好者欣赏，最后，筹得的善款全数捐给灾民，救济饥馑。

随后，苏卧农又蛰居香港，继续作画。他痛失家园，悲愤难平，不觉流露于画卷。1939年作的《孤鸦啼暮图》是一幅托物寄情之作，画中的孤鸦独立于寒松，凄清中犹见傲气，笔墨潇洒流畅，造物生动，使之神韵尽现。画中题跋写道：

（民国）建国廿八年初秋，见林中孤鸦啼暮而忆离别家园之感，归舍掣灯作此，是夜终不能成眠，并记于香江之白云画馆。

1938年—1941年间，苏卧农克服了种种困难，创作了一系列作品，成果斐然。1938年，作《斗鸡写生图》；1939年，作《游鱼》《红梅翠鸟》；1940年，客居香港任教期间，作《罂粟花》《寒松吼天碧》《芍药小鸟》；1941年，作《红棉鸱鸮》《鹡鸰芦苇图》《鼠耗》《朱梅》《鸳鸯戏水》《雪竹幽禽》《雪雉》《薄冰》《雪晴》等。

1941年，卧农准备创作六尺整纸（尺寸一般为97 cm×180 cm）的《红棉鸱鸮》。在香港的居住环境差，场地不够，他灵机一动，收起被子席垫，以床板作画桌。即使环境艰苦，他的创作热情也丝毫不减。

《红棉鸱鸮》以岭南画派特有的“撞色撞水法”，用苍劲老辣的笔法写老干擎天的红棉树身，遒劲的枝条上一朵朵英气的红花接连盛开，仿佛凝结了天地间豪杰之气概。画家以细腻的笔法画出身披翠羽的相思鸟，它们盘旋于枝头，生动传神。19只姿态各异的小鸟出现在画中，令人惊叹。而夜晚觅食、白天睡觉的猫头鹰半眯着眼，看着成群的相思鸟，已不敌群雀之击。这别出心裁的创作，有《国风·豳风·鸱鸮》之意：“鸱鸮鸱鸮，既取我子，无毁我室。恩斯勤斯，鬻子之闵斯。”此画引用典故贬斥鸱鸮为入巢毁室者，褒扬了相思鸟虽小，却能团结一致而奋力抗击之意。此作还进行了实验性探索，以山水作远景，在一虚一实的山水与红棉对比中，抒发了作者的个人情感。客居香江的卧农先生思念家乡广州，画中的花是岭南粲然盛开的英雄之花，远景是镇海楼和孙中山纪念碑，英气阳刚的生命力与心系祖国的艺术之魂紧紧相扣，流露出卧农先生对抗日英魂的缅怀，及对羊城的思念和热爱，展现出作者胸有丘壑的才情。

后来，儿子百揆学习写生雀鸟，鸟儿不停地跳动，给年幼的孩子增加了不少难度。卧农先生随即拿出《红棉鸱鸮》

给百揆看，讲解雀鸟不同的动态结构，使其更深入地理解鸟雀的造型特点，有展翅飞翔、凌空搏击、引颈高歌、张翅奋进、回首顾盼等姿态，包括了正面、背面、侧面。孩子望着动人的画面，非常兴奋，顿时豁然开朗，连连点头受教。百揆看着苍劲的树干，又问道：“树干的‘墨光色光’是怎么画的？”卧农详述“撞色撞水法”的技巧，并回忆起高剑父老师曾看着因屋顶漏雨，水迹顺墙壁而下形成自然的“漏痕”，因而体悟出“撞色撞水法”。无独有偶。卧农先生有一次赶着赴宴，未等“撞色撞水法”的肌理干透就外出了。回来时一看，发现自然形成的效果更显生动。以此两则轶事，他告诉百揆“撞色撞水法”不能太刻意，要把握好度，方能得之天然。百揆听到父亲回忆当年在香港斗室的艰苦条件，对现在的生活倍加珍惜，决心勤勉学习。

《雪竹幽禽》亦创作于客居香港期间。作品乃绢本设色，着色时先渲染天地，再画竹、鸟、雪。寒冬中一只鹡鸰在竹叶下蜷缩闲憩，顾盼之间，更显幽静孤寂的画境。它的羽毛被寒风微微吹起，这个细节的处理可见作者功力过人。有别于传统的双钩法，卧农先生以“没骨法”画雪竹，具有独创性，画中的竹叶、竹枝被覆上了冰雪，却依然坚韧挺拔。卧农先生以傲霜凌雪的翠竹展现骨子里的人文节气。竹乃君子也，不惧严寒，象征着不为世事艰难而屈服的精神与品格。

卧农先生到香江大屿山采风，行至林隐处，幽静萧凉，感家国之事，挥笔而作《寒松吼天碧》，画中题款：“寒松

吼天碧 廿九年冬时客香岛大屿山中。”老辣苍劲的松树势若游龙，松针笔力劲拔，色淡简洁，意境荒寒，超然出尘。

卧农先生曾对松树有这样一番描述：

寒松在北风里，挺然屹立。霜雪里还是青葱，其能耐寒特征，古人称它为大夫松，是有大丈夫的品格。又称之万年松，常颂老人高寿如松柏之语。松本质乃坚贞之意义，岁寒然后知松柏之青翠，其他植物已凋也。疾风知劲草，时穷节乃见，古人多在先人坟墓边植上松树。

汉代建安七子之一的刘桢，就有咏松诗句：“亭亭山上松，瑟瑟谷中风。风声一何盛，松枝一何劲！冰霜正惨凄，终岁常端正。岂不罹凝寒？松柏有本性。”

画松，有南北两派写法。南派写松法，松针如折扇形排列。北派如轮形写法。此不过简单上的分别，其至于用笔、用色、水墨分样也有许多分别。我们宜混合南北两宗，该用南派写法可用南派写之，若宜北派写法好也宜用北派写之，随画面之表现，适当的配合。是南北之法在，我不可拘泥。应宜因画为之，而上下变化，深入通灵，与自然之物相结合。

松杆，古人写松杆多是圈了无数圆圈子，略擦数笔，或以墨粗画数笔便作松杆。此种失了松之精神与本质。然松有许多松类，应要详细认识，作细致考查，则不至鱼目混珠，作欺世之举。夫画人明理事物为要，不宜粗制滥造，不懂构思，人写自己也随而写之，以己为事。或自己未见过的事物妄下论断，不知世间有许多事物，自己未见过的。如古人有写马尾松的，其叶长于岗松。至于黑松、白皮松等各具其的风格特征。我曾在北京时至颐和园万寿山上则见乾隆手植白皮松，它另具风格。古人写松各有所爱，其风格如马远，多写硬杆如强屈曲，多挺秀萧疏。与李成、范宽、关仝等不同，各自成家。

高剑父先生写松有更多研究，曾作过十余种表现绘法。他绘过的有赤松、墨松、石绿松，松花皆前人未有之作。曾作过《松风水月图》赠送德国柏林美术馆，此乃用西画之未来派与中国古法写松配合，极为突出。此画初时我极称之为先生代表作品。

有一师伯，梁鹤巢，人笑他为梁大松。他不写别的，如合作画，就写一杆松。他半古不通粗率为之，如上所说，他写松杆圈数十圆圈，作松树杆上的松鳞。人多笑之，“十丈松枝三斗墨，二筐鸡蛋一担柴。”

松树之花大寒初发，到立春时候渐生长，到雨水季节已长出一二寸高。深赭黄色间绿色点或有赭黄粉浅色。

有一老松，则不同尔。今天雨水季节，黄花已开满枝头。大约是前一月已初开了。树枝花开得迟早与各树生长有关系也，大多数老枝皆是多花而早些时开，但花弱，新枝花开而花壮大。其结果则老嫩枝与树的大小是不同也。

卧农先生对画松的深入研究，读者可在其作品中有所获益。

卧农先生所作《雪晴》中的苍鹰，在墨与彩的渲染中，显现出羽毛质感。遒健的笔力，用淡色带出覆雪的树干，再略施凝重的赭色于其中；细疾的笔法，让吐绿的松针仿若真有积雪覆于其上，可谓极细处见笔力。留白以虚写实，画出雪景。值得注意的是，作者在画中聚焦于苍鹰的嘴、爪、眼，通过精准的笔法，表现出其目光威而不怒、鹰嘴刚坚、巨爪劲利、颈发蓬松之特点。这种笔法及构图布局的章法在传统翎毛走兽画中难得一见。远瞻的雄鹰立于傲雪寒松之上，好一幅快雪时晴佳景，令人顿生遐想。

寒冰之景在中国花鸟画中一直难得一见，卧农先生笔下的冰雪花鸟格外幽淡清雅、不失新意。其1941年作的《薄冰》，对比前人更出新意。在画面构成上，三只小鸟或侧身低飞或立于荷杆，形成三角呼应。冰的半透明质感在光的折射中得到体现，变幻出多个不规则的几何图形，在单纯的灰蓝调子里衬托出冰的反光，使之充满和谐统一的整体感。残荷枯枝用“撞色撞水法”，划破了冰天雪地里的寂静，透着隐约的生机。鹡鸰在冰湖上或稍息或浅翔，体现隆冬中强大的生命力。若冰湖临春，将融作春水，化作点点绿意。苏先生处于危机重重的战乱时代，《薄冰》中的隐隐生机所要表达的意境不言而喻。在静寂的薄冰之境，寓静于动，看似平淡，而处处生机，作者超然的心境令人折服。

传统中国画最讲究留白， 而《薄冰》却以冰作背景，把“上、下、天、地”染满，冰面上反光的射线，增强了冰的质感和艺术效果，使画面充而不满，更显旷远清寂。卧农先生将几何图形巧妙地运用在中国花鸟画中，令人耳目一新，尤其是对三只鹡鸰的刻画，鸟儿姿态造型的设计，羽毛质感的再现，皆源于平素写生，又通过艺术提炼而得。在战火动荡的年代里，卧农先生的作品与同时代的艺术家作品相比，其艺术表现更加敏锐、纯粹，更具个性化。在西学东渐的时代风潮下，他无疑是革命的、“领先的”艺术家，这幅画在当年轰动了美术界，乃当时岭南画派艺术作品的代表，在今天看来仍然具有前瞻性。

苏卧农早年蒙恩师高剑父先生的资助，东渡日本留学，此次的留学之行对苏卧农的绘画风格和技法产生一定的影响。最为明显的一幅作品是《鼠耗》（1941年作），题材上与西洋静物画相类，画中摆着两个高矮不一的圆瓶，在物体转折处，用简练的线条体现了透视技法的运用，并且用色彩的变化来表达明暗关系，使物体呈现出立体感。还有前景蔬菜的摆放也符合静物画结构上的审美形式。但苏卧农先生并没有被这些西洋技法和审美程式所限制，在静物画中寻常可见的画布被换成了翠绿的蕉叶。而画中的三只小老鼠更是点睛之笔，爬在白菜上的老鼠尤为动人，而在莲藕下的小老鼠只露出半个头来，显得清新自然，耐人寻味。画中出现的老鼠，其独特之处就在于既打破了西画的静物的局限，亦不囿于传统工笔花鸟画中的题材之限，使画面静而生动。此画从内容到表现都可谓对传统工笔花鸟画的革新，且不守于“折衷”的路子上。

虽然在香港生活条件艰难，苏先生却没有停止美术教学的步伐。据郑春霆的《岭南近代画人传略》中记述：“苏卧农旅居香港先后任教远东中学、九江中学、兴华中学、岭海中学，善于诲人，从学者无不卓然有成。”当时，香港画坛十分冷清，苏先生在各校的美术教学，对当地美术界发展有积极意义。

除了教学任务以外，1941年，苏卧农与方人定、李抚虹、司徒奇、伍佩荣、黄独峰等在香港发起“再造社”，以振兴中国画艺术为宗旨。1941年2月，举行再造社第一次画展，具有一定的历史意义。参展画家有苏卧农、黄霞川、赵崇正、司徒奇、黎葛民等。同年，苏卧农参与“东江兵灾赈义展”并捐赠作品。

战火逐渐逼近，1941年12月，香港沦陷，苏卧农回到了广州。

第二节　回穗

“羁鸟恋旧林，池鱼思故渊。”1942年，卧农先生返回故里。经历几许风波曲折，他依然淡泊如初，在自家的花园里莳花种果，赋诗作画，潜心钻研艺事。

谷雨，春天的最后一个节气，春夏交接，一年中的第一场大雨将如期而至，花草树木放肆生长。鲜活的生命，从草色青青的萌芽，进入一种更饱满、润泽的姿态。时值农忙，卧农先生有感而作《风雨鸠鸣》。绣颈点斑知晴雨，春禽唤起晓耕人。江南之春，如诗如画，画家笔下的斑鸠鸣声穿过树林间，唤雨呼晴莫等闲。其羽毛湿润，设色清浅，鸣鸠回眸，雅淡如沐春风细雨之君子。时是老干萌春，芽尖嫩红，枝干以“没骨法”入画，既有古意，亦有新意。

待到深春繁花开盛，卧农先生创作了《山涧雌雉》。作品中山涧流泉在欢乐跃动，一串串淡红色的杜鹃花散发淡淡清香，此花又名“映山红”。一双雌雉栖息于山涧流泉之石上，悠然自得地梳理羽毛。画家准确把握了雌雉在山涧活动时放松自然的神韵，细腻的刻画显得鲜活灵动。而后景的浅绛山水，以斧劈皴擦出磅礴的气势。山石上的青苔率性点画，看似随意，却恰到好处，一紧一松的对比表现手法形成独特的艺术效果，也展现出疏朗清雅的格调和收放自如的气魄。山涧流水的韵律，宛若淙淙琴音，侧耳倾听，仿佛凝结了冥想者的时光。此时，卧农先生画高山流水，雌雄依恋，也许画中林泉是他心中的桃花源。生活的本源很简单，无非是阳光、空气和水。回首奔波在外的日日夜夜，也许世俗在所难免，唯愿远离时政喧嚣，自在生活，从而获得精神的自由。

1945年，日寇投降，抗日战争获得胜利！时局相对稳定，农民更勤奋地耕种，土地上的花木愈显繁茂。小葵鼠在田野里自由奔跑，还爬上蒲葵树，享受美味的葵树籽。卧农先生画下清新俊逸的《葵鼠》。绿意满目的葵树沐浴在阳光下，喜悦生长。风吹葵叶轻，飒如松起籁，飘似鹤翻空。葵叶勾勒以中锋用笔，叶茎上的倒刺，细微处见笔力讲究，起顿收笔形成力量的美感。小葵鼠被结满枝头的葵树籽吸引着，吃得一脸满足。看着那细绒的毛发，自然渗透的色彩斑纹，闪着光芒的眼睛，这般精灵可爱，让人心头不由得一软。可见卧农先生认真地感受着这个世界。幸福的人，总能从微小的事物中体验到生活的乐趣，在每一天的劳作中迎来自然的馈赠。

1946年，高剑父先生想推荐苏卧农任一官半职，惜卧农性情旷达，不慕名利，婉言谢绝了从政之路。后南中美术学校成立，苏卧农在其邀请下担任教授。1947年，苏卧农再度应邀出任广州市立艺术专科学校国画系教授兼主任一职。

香港收藏界的名士关贯明、关玩流、关谷生兄弟仨赞赏卧农的才华，他们经常来花地拜访卧农先生，每每相谈甚欢。苏卧农与关贯明种菊花修剪盆景；与关玩流谈世俗、论书画；与关谷生种木瓜、养兔子和热带鱼等。在雅致的院子里，与知己举杯对饮，挥毫泼墨，笔下一幅葫芦图即兴而生，题为《依样》，画中题跋留下他们友谊的记载：

> 葫芦好，糊涂好，世间难得糊涂倒。吟到葫芦，饮到糊涂，看他依样画葫芦。有谁能破这个闷葫芦？（民国）建国卅五年捌月，念一日与家兄玩流携酒至花地馥林园，邀苏君卧农轰饮达旦，兴感不任。苏君酒酣即命笔作壹倒地葫芦，家兄卒成数句以志欣遇。关谷生扶醉记之。

不久，苏卧农在画展中认识了关玩流之妹关琪仙，他们意趣相投。关琪仙极喜爱苏卧农先生的作品，两人就以画结缘。关氏出身名门，毕业于真光中学和光华医科大学。她从小钟爱美术、音乐，深爱苏先生之品格。两人结为伉俪，当真是才子佳人，天作之合。

说起关琪仙与苏卧农的相识，亦源于画。关琪仙在参观画展中看到一幅圆扇形的《金鱼》作品，被金鱼优美的动态深深吸引。鱼儿在柔和的绿水波光里摆动那长长的尾鳍，如少女的白纱长裙在微风中轻荡。水中鱼茜草若隐若现，虚实益彰，令人无尽遐想。她回家后，与七家兄关玩流说：“今天观看了一幅《金鱼》，非常优雅……”在旁的十三弟关谷生笑着说：“你想结识此君？我们可以带你去他的花园游玩并欣赏他的画作。”

于是，关家兄妹来到苏先生的馥林园，众人品茶赏花，论画赋诗。兴之所至的卧农先生，泼墨挥毫作《墨菊》，水墨淋漓的菊花，有文人画之清韵。关玩流在画中题字：“赖有此君娱晚节，更无狂士可称觞。”关琪仙欣赏苏先生的才华，更钦佩其品格。两人志趣相投，有很多共同语言。

往后的日子，平凡而幸福。馥林园的居所简朴，庭院里有翠竹幽兰，几畦菜地，一片荷塘，数只小鸡。温柔的关氏，每日操持家务，而苏先生有了这位贤内助，就把更多的时间和精力投进艺术创作和教育事业中。煤油灯下，他们刚用过可口的家常小菜，苏卧农先生又准备开始作画了。苏夫人低眉于手中的烟墨，仔细研磨。夫妻两人在此墨韵书香中度过了日日夜夜。两人婚后育有三子一女。苏夫人一直在丈夫的背后默默地无私奉献，无微不至地关爱家人。在教育儿女上更是倾尽全副心血，在她善良的天性影响下，儿女健康成长，品格优良。后来，其子百钧、百揆在艺术领域均有所建树。

岁月静好，闲居田园期间，卧农先生创作了《山涧雌雉》《风雨鸠鸣》《白鹰青松图》《鹳鸽秋叶图》《蕹菜花》《碧苔莲》《春嬉》《葵鼠》《燕柳图》《依样》《昙花》《石楠花小鸟》《白鹭》等作品。

1943年，卧农先生创作了《白鹰青松图》。郁林叠翠，傲松凌立，万古长青。一只白鹰穿过碧绿之林，踏枝眺望。画家运用了色彩学的原理，以绿树反衬出鹰之洁白，苏先生以劲道细锋，施羽毛剔羽脉，笔下的白鹰洁净不尘，有如林中高士。白鹰是洁身自爱、淡泊明志的象征，静谧的松林与雄鹰，营造出寂静空灵的意境。

1947年，卧农先生创作了《蕹菜花》条幅。平日洗菜后往水塘边扔的菜梗、菜籽儿，竟在水面冒出了蕹菜的嫩芽，稍不注意它就已经顺着枯枝瘦竹，长出翠绿的叶子、喇叭状的白花。画家以“没骨法”绘出蔓生的节茎、菜叶，“撞水撞色法”让叶子上的受光面泛起自然的色光，使翻折微曲的叶形产生变化丰富的视觉效果，而叶子上的些许虫蛀更显生动野趣。百姓餐桌上味道鲜美的蕹菜花，在水中不染尘俗的原生态模样，成为画家笔下文人画意甚浓的一景。不由得慨叹卧农先生的绘画题材涉猎之广，画前人未写之田园风物，独具慧眼。画中一只翠鸟闲栖于枝头，靛青的彩羽，额上闪着白点斑毛，眼睛炯炯有神，头微侧似在欣赏眼前的瑶池春色。画中题款：

一曲寒塘漾夕晖，珍禽照影惜毛衣。非鱼也自知鱼乐，不肯花前掠水飞。画录龚璛诗句，卧农。

真乃诗中画，画中诗，余韵无穷。

《春嬉》用小写意手法画出两只燕子在柳芽中追逐嬉戏的情景。柳枝随风摆动，展翼的燕子与下方翘首的燕子顾盼有情，黑白呼应。在清新自然的气息中，作者对早春的赞咏，于灵动洒脱的笔路中表露无遗。

随后，他凭着这种对生命力的把握，对内在情绪的体现，又相继画下《燕柳图》。此作的柳枝已长成碧树垂丝，一对燕子在细语美好的明天。想来是卧农先生怀着心情上的悠远，在红尘中找到了归宿。这种潜意识与物化的契合生出清雅高逸之意境，恬静美好。

苏卧农先生爱好研究盆景艺术，他精心培植花卉果木，并教长子苏伦耕作及园艺盆栽等技能，将绘画审美与园艺技术相结合，开拓了岭南盆景艺术新貌。

苏氏花院里种有九里香、雀梅、榆树、黄杨等盆景名种。就以雀梅来说，其根干自然奇特，树姿苍劲古雅，素有“盆景七贤”之一的美称，为岭南盆景中的五大名树之一。雀梅果可食、味酸甜，故名“酸味”，嫩叶可代茶。苏卧农把祖辈的种植经验，如最佳采桩期、植前处理、上盆、修枝造型等基本技术，以及留日时所学的园艺知识，倾囊传授给苏伦。比如修枝，看起来简单，其实内里蕴藏着学问，既要根据植物生长的规律去修剪，更要考虑到修剪之后新发的枝芽走向，形成各枝条的巧妙布局，使其出枝自然。盆景艺术把画理与栽培技术相结合，要将主枝、副枝、分枝的疏密

1948年，高剑父与弟子等合摄于广州花地（右起：苏卧农、高剑父、李抚虹、叶永青、卢传远）

处理得当，脉络清晰，错落有致，回旋流畅，跌宕舒展，使得缩龙成寸，古树生辉。而修枝也不是一蹴而就的，须待时日，根据季节变化及植物的生长规律，经过一次次的修剪，方显其势。修枝使枝条排列有序，空间层次分明，富于立体感而有变化，自然妙趣横生。

苏伦在家庭的艺术熏陶以及父亲的言传身教下，传承了岭南盆景源于自然而又高于自然的技艺。在以小见大的盆景中，他通过有章法可依的国画画理和园林学理论，创作出奇崛独特，却又顺应自然天理的盆景艺术：春天朝气蓬勃，夏天绿叶茂盛，秋天清雅怡人，冬天傲势壮观。其家学渊源，为日后盆景事业之发展打下坚实的基础。

苏伦创作的盆景载誉国际。1987年，英国女王伊丽莎白二世来广州访问，广东省委把苏伦培植的九里香盆景作为国礼，送给英国女王。此盆景树龄60年，与女王同岁，被称为“与女王同龄树”。在意大利热那亚市举行的“第五次世界花卉展览会”上，苏伦栽培的盆景——《铁骨欺风》作品荣获金牌奖，使中国岭南盆景享誉世界。

苏卧农先生在南中美术学校、广州市立艺术专科学校国画系任教授兼主任，不慕功名利禄，潜心追求艺术，并将岭南文化艺术的精髓传授给后学者。教学，是文脉薪传的最好途径。

1947年，苏卧农女儿出生。当时妻子难产，后在美国医生的帮助下脱离危险生下女儿，故取名为美华，让孩子记住她是中美两国的医生通力合作下诞生的小生命。

生命怒放，灼灼其华，喜得千金的卧农先生画下了《红牡丹》。此作使用原产于日本的宫粉纸，其纸质与生宣相似，但比不上檀皮纤维的柔韧性、吸水性能及色彩表现力。宫粉纸的表现效果类似煮捶笺，宜兼工带写。卧农先生画过许多牡丹品种，他经常以不同的纸材进行探索与研究。在画中，赵粉牡丹的翠叶与红褐色的叶脉，色彩融渗自然，衬托出赵粉含羞之美，花姿情态尽显婉约瑰丽，在平淡中见高雅。

其时，高剑父先生常带学生前来花地雅聚，谈论艺术，作画赋诗。园中林木欣荣，草长莺飞，如花在野，向阳而生，见者无不欣喜。花地杨桃驰名四海，深得高剑父先生喜爱，每当佳果挂满枝头，高师必携众而至，画下晶莹剔透的杨桃，更品尝它脆甜多汁的鲜美。画家到此采风，为艺术创作带来无限灵感。

第四章
成就辉煌

第一节　丰收

1949年，广州解放，曾身历日寇侵华、战乱逃难、痛失亲人等沧桑浩劫的卧农先生倍加珍惜和平安定的日子。时年7月，五子百齐出生。同年10月，中华人民共和国成立，新生活给卧农先生的艺术创作注入了鲜活血液。中国画与华夏民族血脉、文化密切相连，他用笔墨谱写出时代新貌，正是“笔墨当随时代”之实践者。

1950年5月9日，中央人民政府政务院下达关于开展保卫世界和平签名运动的指示，定于5月内在全国各地展开签名运动，积极响应世界和平大会的宣言。随后，中国保卫世界和平大会委员会（即后来的抗美援朝总会）发出通告，号召全国人民积极行动起来，响应世界和平大会的正义号召，组织开展广泛的和平签名运动，粉碎帝国主义的一切侵略战争的阴谋。对和平的渴望，激发了苏卧农的创作激情，他经过深思熟虑后，创作了《环宇和平图》（联屏）。画中题跋写道：

> 一仟九佰五十年五月十四日，首都各界人士隆重举行响应保卫世界和平宣言签名运动。大会前放象征和平白鸽三十四飞翔上空。因本斯意绘此以示

信念。苏卧农画并记。

此作位置经营得十分巧妙，34只鸽子盘旋于天际，在平面上构成了一个心形，暗喻“爱心与和平”。卧农先生根据近大远小的透视学原理，使鸽群飞行路线清晰可见。从右往左，由下往上，观者的视线也随之而动。疏密有致的鸽子，前后交叠，体现出纵深感和空间感。画面中每只鸽子展翅遨游，形态各异。在细节描绘上，卧农先生更是精益求精，尤其是鸽颈上那一圈的羽毛，竟呈现出在阳光照耀下渐变的色光幻彩，这正是岭南画派“撞色撞水法”的精妙之处。此作中的鸽子在空中盘旋产生的凌空感，给人以博大之感，这种现代构成的美学改变了传统的审美程式，是美学上的革命。在西学东渐的文化浪潮中，苏卧农先生是一个真正的实践者，传统与现代文化艺术的发展与传承，能在此作品中得以体现，尤为可贵。

1951年，六子苏百钧出生。时过三载，苏卧农先生带子女回乡拜祭先祖。三岁的苏百钧跨过一道道曲折山径，还有路旁的杂花野卉，随口高声自编而诵：“越过高山，越过大海，一飞飞到混天绫。”其父听后大为惊异，觉此儿聪颖过人，加以悉心教导，教其背唐诗、念古文、练字习画。

1952年，卧农先生创作了《雄狮》和《卧虎》绢本册页，尺幅之间显其气魄之大。狮在青草绿野之中，神气高昂，目光炯炯，嘴角微弯向上，似是心情正好。狮子毛光润泽，山石以寥寥数笔斧劈皴，变化无穷。《卧虎》是难得之作，猛兽闲卧草丛，仍警惕地注视着四周，双目不怒而威。它一爪在前，一爪在后，仿佛随时一跃而起，威震山林。芦苇叶子茂盛，白色的芦苇花在微风中摇曳，生机盎然。要知道画皮易画骨难，老虎身上的斑纹，看似不经意的几笔，却显示出老虎身上的骨骼和肌肉。卧农先生平时多以花鸟为主题创作，画起狮子、老虎这类猛兽，亦是独步一时，让人过目难忘。

1953年，卧农先生的作品《环宇和平图》入选第一届全国美展。同年，苏卧农作为全国文联代表参加第二次全国文学艺术工作者联合扩大会议，加入中国美术家协会。1954年，他创作了《凌霄图》。1955年，创作《防寒》《椰苗益鸟》等。后来《椰苗益鸟》入选第二届全国美展。

1955年，卧农先生创作《椰苗益鸟》。此画用罗文纸对物写生，椰子以大笔侧锋写出其椰衣质感，墨色褐色在纸中自然互渗，水光墨韵恰到好处。嫩苗破壳而出，幼芽嫩绿，彰显其生命力。石青鸟用笔温润，嘴中牢牢地咬着蚜虫，虫子痛苦地卷曲挣扎，蓝雀捕虫瞬间，画趣顿生。画家以至简至纯之画法，突出主题。

同年，卧农先生创作《凌霄》。此作藤蔓缠绕交错，笔走龙蛇，气韵生动。老干用笔侧锋，皴擦苍劲，藤条用笔中锋，显得圆润。画以褐色调子为主，显其雅逸风骨。叶缘齿形，青葱生动，其花迎风昂首开放。“藤花之可敬者，莫若凌霄”，清人李渔曾有如此美誉。凌霄在长夏少花的季节，不惧暑热，愈开愈盛，攀枝高开，烂漫生长，直绕枝干凌霄去，独有根源与地平。

1956年8月，苏卧农先生接到广州市人民委员会聘书：“兹聘请苏卧农先生任广州市文史研究馆馆员。请接聘书后即到职工作。此聘。”接聘书后，苏卧农先生感慨地说：“我一向清贫过日，清闲写画。得到党的关怀，聘任我为广州市文史研究馆馆员。今天感到生活安定，更要专心研究艺术创作，为工农兵服务。”此后《除四害》《白莲》作品相继为广州市文史研究馆收藏。

1957年3月，七子苏百揆出生。

同年苏卧农创作了一幅得意之作《春江鸳鸯》。一番花信一番新，画面中月季悄然兴盛，芬芳弥漫。寒潭初暖，江水轻流，鸳鸯结伴同游，顺着清澈明净的水流，游在浪漫的春天里。生活自得其乐的卧农先生，笔下的作品也更显圆融。他先以淡墨画出草丛，再染上明亮芳雅之色，一丛长在水汽氤氲江畔上的嫩草，汁液饱满，显得清新而层次分明。鸳鸯雌雄异色，雄鸟嘴红，羽带华彩，头顶黑棕冠羽，翅上有栗黄色扇状立羽，英姿飒爽，顾盼回眸，雌鸟嘴赭，通体灰羽，眼周一圈白色的细纹，温婉柔美。画家用笔衔接自然，设色温润，耐人寻味。鸳鸯的脚掌在水中若隐若现，荡起圈圈涟漪，细节的处理十分精到。它们在这片天地间呼吸着干净芳醇的气息，以爱为伴，生活悠然安宁，令观者只羡鸳鸯不羡仙。

“文化大革命”期间，卧农先生怕《春江鸳鸯》被红卫兵没收烧毁，忍痛把这幅画裁成四部分，卷藏于宣纸中，这才躲过了一劫。“文革”后，这幅画重新装裱起来，裁痕隐隐可见，此乃憾事。

馥林园中有一盆奇秀的假山，由卧农先生亲自砌成。上有亭台楼阁、小桥石阶，植有盆景“满天星”，春开点点白花，秋结粒粒红果。石山上还点缀着些逗趣的泥公仔，别出心裁。稚龄幼子也被石山上的泥公仔所吸引，悄悄地玩了起来。不日，卧农先生发现这石山上一只泥公仔不见了，心知此事是幼子所为，遂让百揆来到身旁，指着石山的盆景说道：“你看少了什么？”“泥公仔！”百揆回应道。“少了钓鱼翁的点缀，石山就少了很多生气，缺失活力。你觉得是否不及原来那般好看？”卧农先生接着说。百揆连声回答：“确是没有原来那么美！”“那么你是否应把钓鱼翁放回原处呢？”卧农就继续引导。于是，百揆即把泥公仔钓鱼翁放回原处。卧农先生教导百揆：“美好的事物应该让大家分享，众人乐自己更欢心，这是艺术家必备之本性。”这件事让百揆记忆尤深，自此他更懂得好东西与人分享带来的快乐。

苏先生酷爱盆景艺术，花园中的“蜜梨盆景”是他的得意之作。卧农先生把蜜梨嫁接在山梨树头，种在大黄釉盆上，造成这棵树独一无二的姿态。此树造型为“水影悬崖”，臂展长数尺，枝叶繁茂，脆甜可口。苍劲错落的枝条与褐黄可爱的蜜梨，交相辉映。此树年年结果，硕大多汁，待到果熟之时，卧农先生摘下新鲜的蜜梨让大家一起吃，借此机会讲起孔融让梨的故事，在孩子们心中播下团结礼让、尊敬兄长、爱护幼弟的种子。其妻关琪仙也每天晚上给孩子们讲述世界名著中的故事，让孩子们懂得很多做人的道理。

苏先生对子女的教育，总是不失时机地耐心引导。一天，百揆从幼儿园放学回家，在黑板上写上“九龙”两字。父亲卧农看见大为赞赏：“笔画舒展宽博，字态端方，如仙鹤起舞，书写率意，得之天然，有《瘗鹤铭》《石门颂》摩崖笔意！”马上把“九龙”两字拓出，描在写生本上。然后，卧农先生拿出《石门颂》《开通褒斜道》《瘗鹤铭》，给百揆讲解摩崖石刻的特征。《石门颂》较少隶书框架的约束，行笔如闲云野鹤，故写来劲挺有姿，浑厚高古，毓秀灵动，结字内紧外松，气势开张，平中见奇。《开通褒斜道》以圆笔为主，参以篆意，外紧内松，气势饱满，结体奇崛，天然古秀。《瘗鹤铭》以圆笔中锋运行，故筋力内蕴而不外显，笔道浑厚而充藏，结字由中宫向外辐射状，显得宽博舒展，仪态端方，疏落中见严谨，奇特中求平衡。卧农详细地讲述碑帖中的精要之处，激发了百揆的潜能和天赋。此后，百揆对书法倍感兴趣，更加勤奋研习，明白书法的要旨，愉快地舒展天性。

广州市文史研究馆举办夏季联欢会，邀请馆员展出作品，进行学术交流，扩大文化影响，苏卧农先生把《海鹰》

《孤梦》《菖蒲花》《鹳鸽红棉》作为参展作品。同时创作了《千瓣莲花》《赵粉牡丹》《老少年》《黄颊鹭》《野水仙》《萱花》等作品，这些小写意画作来自画家平素的观察与写生，既不失文人画高雅的格调，又散发出清新的气息。

参展的作品《海鹰》令人耳目一新。一望无际的大海碧波荡漾，盘旋于长空的海鹰正静待良机。突然，鹰俯冲急下，伸出凶猛的利爪，想抓住水里的大鱼。电光石火间，大鱼挣扎摇摆，再度潜入海里，激起一波翻滚的浪花。海鹰凌空展翅，与巨浪搏击，无惧汹涌的波澜。在危险与机遇共存的海上，海鹰选择了勇敢。画家笔下的海鹰，毫无惧色，眼神锐利，展翅翱翔，姿态生动。羽毛在干湿笔的运用下，突出被海风吹起时松软的质感。鹰爪刚劲有力，显示出猛禽的英姿雄风。一只穿越雷电搏击风云的海鹰，跃然于纸上。卧农先生没有直接画出水中大鱼，而是绘出大鱼掀起的巨浪，浪高三尺，水花四溅。海浪以浅墨作底，施粉后，再染碧绿，画出涌动不息、波澜不止的艺术效果，气势撼人。

某一日，苏卧农先生如常来到文史馆，发现亭子正被拆卸改作菜地，原先放在亭旁的那盆千层白莲花不见了。卧农先生连忙四处查看，忽见菜畦有些不寻常的隆起，随即用手翻挖，已见一莲芽突出，再细往下挖，觅得两枝被弃置的弱小莲茎，连忙用蜡纸包好带回花院中栽种。苏卧农先生说：

闻说此莲花是陈子壮送去罗浮山寺观栽植的，

已有历史。后来谭少甫得之，分送文史馆，由朱氏数年苦心栽培，极心爱之。后来朱氏逝世，各人皆不重视。若我去迟数日，该花就没了，亦花之幸也……此种白莲花应当宝之，其留意栽培勿失花种至要也。

卧农先生当真是一个怜花惜花之人。后来的数年中，他精心培育的千层白莲花，每年开花回报。苏卧农先生一生酷爱莲花，绘写莲花数幅，并记下心得：

……今后我要多写此莲花，素爱之。我留学时初次在东京植物园池塘，有睡莲五六种，常写生。各幅画法构图新颖：粉红色莲花配神仙鱼，红朱色莲花配鲫鱼，白色莲花配虾，紫蓝色莲花配蜻蜓点水等。构图上莲花作右出、左出、上生、下生，中间四出等，此为莲花四题。

爱莲者君子也，卧农先生当之无愧。

1958年的一天晚上，八九点钟，卧农先生在煤油灯下看书（当时苏宅还没有电灯）。忽然远处传来一声“捉贼啊！”，接着听到慌张的脚步声。他随手披上毛衣长外套，快步走出家门，顺着声音传来的方向，站在石桥上眺望。须臾，贼人踉跄跑过，此时卧农先生突然出手，一掌把他打翻，眨眼间，贼人掉到桥下的河涌里。苏卧农外表文质彬彬，内蕴侠义心肠，这段佳话在当地广为流传，花农们皆赞颂其侠气精神。

是年，苏卧农先生创作了《采浮萍》。昔日，花地河涌交错，女儿美华常到小艇上玩，卧农见后顿生创意，绘下此现代工笔人物佳作。画中船上有一入时少女手持竹耙，将荡漾于水上的浮萍轻轻捞起，色调清新脱俗，题材新颖，令人耳目一新。

开春时节，卧农先生创作了《白鹭柳树》。春雨绵绵，草木萌动，柳眼窥春，春意笼罩在一片若有若无的水烟中，更袅娜迷人。画家以春风为笔，让细细的柳叶在枝上舒展，轻轻一点，褐色柳眼，饱含了无限的生命力。淡墨的枝条随风摇曳，中锋用笔，力透纸背，墨韵在飞白间可察作者运笔徐疾有力。树干在浓淡干湿的墨色里，气韵生动。白鹭掠过长空，展拳顿足，落在了河边的垂杨柳上。本来在树旁散步的蟛蜞，看见天敌连忙躲入树洞中，逃过一劫。白鹭似察觉到些许动静，正顾盼回望，目光机警、敏锐。自然万物在时光里自由穿梭，上演着有趣的故事。卧农先生漫步河边，不经意之间看到了这番情景，顿生创意，成此佳作。

苏卧农先生总爱留心身边之物，寻常的一花一草，也会使他产生画兴，继而用心观察研究，写生创作。《野芋》正是这样一幅野趣横生的作品。在生宣纸上，卧农一笔笔地画出野芋的根茎，带着褐色与飞白的浅墨。朱砂点顿，深浅之间，让饱满圆润的结籽变得晶莹可爱。翡绿的叶子在风中自由地生长，展现出旺盛的生命力。夕阳照红籽，残根仍独立，野芋历经风雨的洗礼，依然挺拔向上。

其实，这样的野芋在南国芳草萋萋的小道随处可见。卧农先生采撷一株入画，顿生文人书卷气。此物结籽，落地而生，已开千年，始遇君赏识。

天朗气清，卧农先生从广州市文史研究馆回家，途经小桥，遇见捕鸟人手中的山伯劳，就花了2元买回此鸟。伯劳为山野之雀，不吃雀食饲料，苏先生写生后，就将它放归于自然。小鸟回眸一顾，似有不舍，微张着嘴声声叫唤，诉以感激之情。卧农先生画下了《山伯劳》，画中伯劳飞处落花深，秋韵轻轻染叶红。红叶绕枝，青松苍劲，绛红翡翠，一刚一柔，对比生动自然。此作有工笔之精妙入微，有写意之豪放舒展。秋风飒飒，红叶飘飘，仿如下一刻，画中的山伯劳就会破纸而出，重获自由，确是形神兼备，使人浮想联翩。

暮秋时节，风雨欲来，蜻蜓在水面盘旋低飞，不时轻点水面。池塘上是疏影横斜的残荷，流露出不经粉饰之美。韶光流转，四季更迭，述说着生命的轮回。卧农先生以生宣创作《残荷蜻蜓》，画荷枝用笔圆劲古雅，骨力中藏，画荷叶侧锋草逸，看似大笔阔斧，味之深不可测。停驻在荷枝上的红蜻蜓，眼睛绯红，轻纱薄翅，迎风亭亭而立，刻画得入木三分，成为画中点睛之笔。苏先生在1945年曾作《红蜻蜓》，以熟宣纸画残荷蜻蜓。两幅作品以不同的手法画出残荷之美。卧农先生以赭石混合淡墨之笔，画在生宣纸上，融合出天然的荷叶纹理；在熟宣上，则以“撞色撞水法”，让色彩渐渐地融于墨色中，形成残荷的色彩肌理。为探索中国画新的笔墨技法运用，两者表现方式不同，而画中皆有残荷听雨声之灵韵。一缕秋风吹，一池雨荷曲，仿佛诗中，仿若梦里。也许悟得生命之真谛，才能画出坦然超脱的境界。

待到潮起潮落之时，苏先生打开院子里的小水闸，淙淙的河水就从涌边流入馥林园数个小水塘中，此水作浇花之用，亦驱散了酷热的暑气。卧农先生移步至水塘上方的石桥，叼着烟斗，修剪盆栽。阵阵蝉鸣，声声入耳，塘边荔枝树垂下长长的枝条，果熟虫鸣。这让卧农先生产生了创作的灵感，画下《红荔白鹅》，作品现藏于人民大会堂。画中荔枝新熟如鸡冠色，每个果上都有细密的六角小钉皮，看起来鲜美可人。荔枝树叶繁茂，精工细染，叶的正反背向，甚至是翻卷之态，都被刻画得惟妙惟肖。一双鹅儿，毛白如云，红掌轻拨，荡起层层涟漪。河水清澈，水波粼粼，鹅掌若隐若现。苏卧农以白鹅浮清波、红荔挂枝头的美景，画出了岭南田园牧歌式的悠然闲适。

苏卧农先生的花鸟画风格与他对岭南景物的审美体验关系极大。他画下了大量的写生稿，对各种不曾出现在传统国画里的花卉、鸟兽题材认真观察，动笔前必先仔细考量，写生时每有感悟。

1960年，苏卧农在肇庆市园林局担任顾问时，看到苍劲的剑花倒挂在岩石上，就开始构思创作《三棱剑花》。三棱剑花又称“霸王花”，它的花冠硕大，怒放得无所顾忌，英姿绝伦。它总在盛夏溽秋、暴风骤雨之后纷呈竞放。苏卧农就在花开时去写生。三棱剑花一般在凌晨后含苞绽放，盛开至晨曦，在深夜中散发出独特的馨香，当地平线上迎来第一道曙光时，花瓣悄然合拢。为了画花开过程，苏卧农先生带着画具披星戴月地上山。雨后山道潮湿路滑，蚊虫多，到了花下，他就擎着煤油灯，仔细地作画。花瓣张开的速度很快，稍有犹豫时，花朵的姿态已然不同，无疑增添了绘画难度。幸而剑花花瓣大而洁白，衬着月色清晰可见，苏先生不断地奋笔挥写，不觉已到晨曦。

在剑花开花期间，苏卧农画了许多写生稿，在一次次的观察、写生中，他提炼出三棱剑花的艺术形象，使剑花之“英气”、三棱叶茎之“节气”，跃然纸上。这个把写生升华为艺术作品的过程，是画家天赋、经验、文化底蕴的综合体现。在构图上，若把石头凌空悬垂在画面的上方，易产生上重下轻之感，一般很少这般构图。然，此作上面悬垂山石，将天空留白置于下方，恰到好处地体现出剑花生长在高陡岩间之险峻，更凸现出画中空灵之境。在花鸟画中能有此境界实属罕见，此画中的空灵，迥异于元人残山淡水的空寂，更有别于“宋院”之华贵富丽，其博大、明净、高洁、隽永，是充满生命力的空灵。此空灵令观者心胸豁然开朗，尘心立净。《三棱剑花》的画境看似淡然，却呈现出不凡的意韵。圣洁的剑花舒展着柔美的花瓣，茎干一节一节地攀缘于岩石上，恰似量天尺，有道“虬龙高跃欲量天”。这非温室之娇花，此乃天地间那一不沾染俗世之天然浩气，春风生秋雨长，在峭崖岩壁的狭缝中顽强生长。剑花的这种“临悬崖而淡然”与作者的惊人胆色是相吻合的。要知道，在此之前中国的花鸟画并没有以三棱剑花为题材，卧农先生确是开中国大花鸟画之先河。

卧农先生为三棱剑花赋诗：

谁识剑花是与非，春风秋雨大生机。
霸王难量天地阔，自在星岩挹翠微。

《三棱剑花》充分展现了苏卧农的创新精神。在此之前，未见有以剑花为题之画传世，也不见以峭壁悬崖写入花鸟画中之先例。这种博大的气魄，影响了日后中国花鸟画的创新精神。卧农先生的艺术宗旨是“含英咀华扬今榷古，钩玄提要熔西铸中”。他从传统的宋院绘画中，经过取舍，提取精华，在写生实践中创作出具有个人风格的新一代花鸟画，表现出其时代的领先性。

1960年，他创作的《三棱剑花》入选第三届全国美展，作品《松鹰》《鱼翔浅底》《鹰击长空》由广州美术馆、广东画院所收藏。

该年广州市要成立广州国画院（广东画院前身），苏卧农先生为筹委之一。同时，他受聘于广州园林学会、盆栽协会和兰花协会，任顾问一职。当年的园林学会会员是社会上各行各业的精英，是城市建设的智囊团。由于历史和地理因素，广州市成为对外经济贸易交流的重要窗口，而繁华的海珠广场位于广州城中心轴线与珠江景观带的交点，广场“心”形外轮廓和标志性的解放军雕塑被誉为“珠海丹心”，为“羊城八景”之一，因而海珠广场的各项设计显得格外重要。广州市政府聘请苏卧农为广州海珠广场设计装饰铸铁栏杆，他所设计的兰花图案获得认可和赞赏，一直沿用至今。这事当时登在报纸上，苏先生曾拿回一份报纸作纪念。他设计得到的所有报酬，就是一张可供全家人免费游公园的卡。

历经50年风风雨雨，海珠广场的兰花铁栏依然美丽如昔。原海珠广场管理办公室黄卫东主任感慨道：“别说老市民，我们对海珠广场的兰花围栏也有感情！它跟珠江大桥上的红棉栏杆一样，在我们心中都是很美的。”

画家苏卧农总关注着时代的脉搏，听广播、看报纸、收集资料是他每天的工作之一。1960年2月30日，卧农看见报纸上刊登《珠江大铁桥初建成》一文，就带着六子百钧前往参观。徒步走了三个多小时的路后，他兴致勃勃地观察大桥风貌，仔细地把大桥的结构记录下来：

珠江大铁桥南面铁架七个，北面铁桥铁架五

个。每个铁架用三角铁为支柱。七个铁架为二十一个三角力支柱，五个铁架即十五个角铁支柱，工程浩大矣。此次还没过北桥一行，将来有日定要步行，看走完该二度大桥需要多少时间。将来芳村与铁桥边斜坡的地方必然繁荣，因此处地区，四通八达，水陆交通皆好也。

他用艺术家的细致、敏锐关心着祖国的城市建设。

多年来，苏先生对山水景物题材亦时有涉猎，海港系列之作让人们看到另一景象。苏卧农为了在作品中表现渔港和渔民的新风貌，特意去到台山县广海镇、横山等地写生。在取材的日子里，他每天坐公共汽车，在城镇与乡村路上来回颠簸着。夏雨风雷，有时还会在写生的小船上遇到台风袭击。比起对台风的畏惧，这位画家更关心海上波涛汹涌的景象，他在《绘画记》中写道：

我游台山广海时值四级台风。初见此澎湃波涛，不得不细细看其波动，后浪推前浪，汹涌突屹。其气势震动乾坤，人为之目眩心惊。浪头高卷，涌时则作弯弧形，不是一字奔来。看远处的浪涌则如一字，实风力吹动如投石于水中作圆形，风来一面故弧形矣，更要参差些为妙。

亲身体验生活十天后，苏卧农先生创作了《广海渔港》和《渔港动千帆》等一批渔港风貌系列作品。苏卧农先生在《绘画记》中写道：

> 《渔港动千帆》是台山广海南湾风景。此画的纸不好，因时间关系勉为完之。画法用水彩法与国画法混合来表现，此法不宜用生纸来绘，应用绢来绘较好些。

他还写下广海南湾渔港诗：

> 广海透视水齐天，渔船丰获晚归帆。
> 碧波荡漾如锦绣，东风得势好南湾。

《渔港动千帆》一作以平远透视法写出海景之辽阔，画面景物渐渐消失在海平线上，近处一艘艘归港渔船倍感亲切。作者尝试用横笔散点法表现波光粼粼的海面。画家对于不同题材内容，用不同表现方式来表达其思想感情，使作品更具艺术感染力。

第二节　远瞩

苏卧农创作《鹫》，深知鹰、鹫此类猛禽，是历代花鸟画家喜爱的题材，若要有所突破，写出个人风格，就得向生活现实获取第一手素材，师法自然。

清晨，风别过树叶传来沙沙的响声，鸟儿早起时愉快地对唱，伴着远处几声低沉的兽音，是动物园里独有的交响乐。苏先生偕妻小一起来到动物公园，妻子关琪仙带着孩子在旁边玩耍，卧农先生拿着写生板，一边观赏动物，一边速写。孩子总爱学着父亲模样画起来，时而拾起树枝在地上乱圈乱画，时而边走边唱：

> 翎毛先画嘴，眼照上唇安。临鸟描头额，接腮写背肩。半环大小点，破镜短长尖。细细梢翎出，徐徐小尾填。画完才添足，踏枝或展拳。

百揆背诵画雀鸟口诀，就像唱童谣似的，从小就把这朗朗上口的口诀记住了。苏先生不失时机地给孩子们讲解鸟的画法，还给他们每人一块画板和一叠白纸，尽情涂鸦。当卧农先生来到大鹫所在之处时，灵光一闪，此鹰目属下体型最大的鹫成了他要攻克的画题。

平日，他总爱仔细地观察鹫、雕、鹰、隼、枭等猛禽的习性、特征。鹫两翼长而宽，具平行的翼缘，后缘明显内凹，翼尖的七枚飞羽散开呈深叉形。尾短呈楔形，头及嘴、爪甚强劲有力。翱翔时两翅平伸，初级飞羽散开呈指状，翼端微向下垂。休息时多站于突出的岩石上、电线杆或者树顶的枯枝上。

在写生时，苏先生总是先细细观察对象，思定而下笔，不急不躁地起稿，就这样经常早起暮归地去动物园。月余，写生稿已积累一大堆，在写生大鹫的过程中不断提炼。他的写生是写物象之精神、内涵，形神兼备。顾恺之言："传神写照，正在阿堵（眼睛）中。"大鹫目光如炬，眼周之毛略施黛色，与"寸草"不生的鹫顶形成对比。鸟颈羽毛的描写，疾笔轻施，娴熟的笔法中，把大鹫颈部秃毛的特征刻画得淋漓尽致。松软翎颌，带出其嘴喙角质色彩，蜡膜浅蓝刚坚之美。鸟背片片羽毛一笔而成，以色破墨，干湿浓淡妙不可言，这样的写法最见笔法用笔之功力。苏卧农用笔遒劲而虚灵，虚淡的笔墨写出一种莫名的静穆和虚静。虚而实，若无还有，在刻画苍鹰、秃鹫一类猛禽时，他经常在轻妙的线条中又加进一些实而刚的线条，当中蕴含着无限的锐利刚硬，虚灵中寓坚实，富有清冷之感，有一种出世高士的冷峻与孤峭，乃超然物外的境界。

苏卧农在画中题跋写道："高立南山第一峰。"据苏卧农先生表述：“南山取其长久之意，所谓‘只有天在上，并无与山齐。举头红日近，回首白云低’。”其含义悠远，思至苏氏高洁淡泊之心境，莫非是陶渊明先生的“悠然见南山”之“南山”乎？

此作《鹫》多次在全国及省市画展中展出。后来，卧农传授画鹰技法给百揆时，把《雪晴》和《鹫》两幅画并挂在画室，一一讲解道：《雪晴》中的鹰要突出猛禽之威，而画冰雪湿寒之景，须用湿染法写鹰之羽毛，方能表现出冰天雪地充满水汽的环境。《鹫》要体现大鹫凛然不可侵犯的神威，因其形体极大，翎毛长而大，要一笔笔写出，最见笔力，每笔自然衔接中要有色彩明暗的变化，更要体现羽毛下的体积感。这一画法是“没骨法”，不同于“宋院”的双钩、平染法，没骨更显羽毛的表现力，注重羽毛的整体结构，若双钩则显呆板。此乃至工至意之法则，看似无意，最是重意！精细微妙之处，出自天成。可见，卧农的《鹫》笔意笔趣，合乎物象之神韵。

酷暑时节，夏日炎炎，苏先生的孩子们跑去河涌边玩耍。小河清清，不一会儿他们就捞到了一群山斑鱼，兴高采烈地回家了。卧农先生把这些山斑鱼放到大瓦盆里，随即动笔写生。孩子们对自己捞回来的鱼非常感兴趣，一看父亲在动笔绘画，他们也拿起笔跟着画，还会天马行空地提出各种问题，这种乐享天伦的时光总是那么温馨。苏卧农借此创作出《鱼乐图》。小鱼簇拥成群，欢快地游动在两条大山斑鱼身旁，正是作者心境的体现。画中之鱼，色泽温润，晕染的颜色轻轻化开，如入水中，微卷的鱼鳍生动地表现出鱼在水中游的惬意。每条小鱼儿都有不同的变化，却整体协调，层次分明；当它们向同一方向游动时，又有各自的神态，且每条小鱼皆用双钩画法，相当精妙。苏卧农创作《鱼乐图》时，在表现技巧上进行创新，通过湿画法，用淡墨化开鱼斑，层层晕染，透出山斑鱼的光与色，令人赞叹不已。

苏先生让孩子们一起细察鱼儿的结构、颜色，他在笔记里认真地记录：

> 山斑鱼仔的头部、鳃间赭红色，眼部蓝色，肚部白色，至尾下部黑色，身赭黄色，如用黄金画之，则会更美丽一点。

这种氛围下，苏卧农先生通过言传身教，并身体力行地为孩子们树立榜样。百钧、百揆日后都走上了艺术成功之路，正是这潜移默化的力量。

在苏家的花园里，珊瑚兰随处可见，它是一种气生兰草本植物，生于林下或灌木丛中，亦有寄生于乔木上，尤其在树头、假山上的长势分外茂密，常有鸟儿戏于枝头。珊瑚兰的花期有半年之长，一般在春秋两季开花，朵大、红艳。苏卧农此次以珊瑚兰为创作主题，画了系列作品——《珊瑚兰》《野趣》等，两幅补石，一幅补梨树。他特意用煮捶笺、粗生纸等尝试，这比熟宣的精钩细染更要求笔法的精到、行笔的果断。珊瑚兰乃卧农亲手栽培，对其生长形态十分熟悉，加上他艺术造诣已进入高峰，故用笔造型随心所欲，气韵生动，又见笔墨功力。作品以写意笔法为主，由花至叶笔笔为之，花叶自然舒卷，独得天然尽去雕琢之妙。在《珊瑚兰》中，梨树树身的粗壮与兰枝根须的柔韧互相衬托，用“没骨法”显出原生态之生机；《野趣》中的黄雀静候良机，欲捕螳螂的精彩一瞬跃然纸上，这种张弦待发之妙，耐人寻味。

“写生作画最难之处，是提炼有文人画之意，太刻意则板滞无味，太随意则失貌离神，妙在有意无意之间。”将写生作品提升为文人画之格调固难，因写生侧重客观主体，文人画注重作者的主观内心情怀，这十分考验作者的笔墨修养和对物象的理解。在挥就《珊瑚兰》时，卧农先生用生宣纸写生，流露出士大夫的情怀和清纯高雅的文人书卷气韵。

紫藤是江南随处可见之植物，亦是画家喜爱的题材。馥林园里的藤蔓植物除了金银花、夜香花、凌霄花、秋海棠之外，当然少不了紫藤。春风送暖，紫帘垂珠。卧农先生笔下的《紫藤石青鸟》，用淡淡粉紫点出串串凌空悬垂的紫藤花。嫩芽新发，鸟儿觅食，正是作者随心所欲地挥毫抒写，留下了此动人之作。

苏卧农的师弟黎雄才常来馥林园做客，烹茶畅谈，游园挥毫。有次，黎雄才留意到珊瑚兰旁有一块奇石，大赞其

“一石成山”。卧农见他甚爱此物，遂赠之。

苏卧农与春睡画院的师兄弟们一向感情深厚。他与方人定先生不但时有书信来往，探讨学术问题，还常相互拜访。苏先生的画室在客厅，他们就在那聊聊天，技痒了就挥毫作画。其时，方人定创作《琵琶行》系列作品，正与卧农先生畅谈着创作感想，小儿百揆坐在一旁静静地听着，方先生向百揆问道：“听说你熟背唐诗三百首，《琵琶行》能背诵吗？”百揆点头，一字不漏地把《琵琶行》从头至尾背诵给众人听。方先生还让百揆解释诗句的含义，百揆对答如流，方先生分外欣喜。方先生颇好奇一个稚龄儿童为何有此能耐，遂问其故。原来，其母关琪仙每晚都教他背诵一两句唐诗宋词，还会分析诗意帮助孩子记忆。日积月累，百揆自然学会了许多诗词。方先生赞叹：“这是最佳的启蒙教育方式之一！”

馥林园常有宾客来访，名医董岳林常偕妻小到花地探望苏家，秦咢生、吴子复、朱庸斋、谭华牧、徐东白、卢传远、任真汉、关万里等亦时有到苏先生家中做客。他们喜见园中生机勃勃，乐而忘返。此处虽无崇山峻岭，但见修竹幽兰，园中花草郁郁葱葱，竹篁幽密，惠风和畅，文人雅士共聚一堂。一日，吴子复有感，欣然挥毫写下对联：“树声时入座，兰香欲湿衣。”他们围着石桌就文化艺术之事各抒己见，信可乐也。

一次油画家余本来访，相聚甚欢。余本突觉灵感一现，随即拿起炭条挥动，片刻一幅苏卧农肖像速写呈现眼前，线条有力流畅，节奏张弛有度，刻画精准传神。寥寥数笔，让卧农先生的特征、神韵跃然于纸上。

苏先生与文人雅士之来往，长辈们的品学及对艺术的追求，是对孩子的艺术熏陶。每当长辈们高谈阔论之时，孩子们就静静坐在一旁聆听长辈的灼见高论，对孩子们日后成长起到潜移默化的作用。

1960年，广州国画院组织去萝岗香雪赏梅、写生。苏卧农先生创作了国画《萝峰丹荔雨，恰似江南三月春》。

同年9月10日，苏卧农创作《鹰击长空》《鱼翔浅底》，并参加广州画院美术作品展览。作品画题出自毛泽东《沁园春》之句，当时卧农先生准备尝试新题材而翻开诗集，灵感纷至，故有此作。《鹰击长空》中，雄鹰展翅高飞，扶摇直上，势不可挡。背景为惊涛骇浪，气势磅礴，色调简朴，仿似巅峰崩雪，沧海茫茫，更添雄奇之感。

苏卧农从鼎湖山飞水潭归来后，便作《鱼翔浅底》。只见山涧清澈见底，小鱼潜翔于水，调子十分清雅。作者用大斧劈皴写寒潭山脚之石，浅绛着色，且在熟宣纸上作山水，须在技法上创新，如在墨未干时撞色，墨与色之间微妙地渗化。这种以色破墨法，即“破墨法”。他以写山水之法入花鸟画，在构图和题材上十分精妙新奇。该画后由广州美术馆收藏。

一天，苏卧农先生去湖边新村看望师兄方人定先生，看见悬挂于墙的座右铭——“书法以韵为主，然后落笔乃定。”卧农问道：“何为书法之韵？”方曰：“不俗是也。”卧农直言：“书法讲韵，画也讲韵。但古人不单说一韵字，而曰‘气韵’。凡笔有四势，谓筋、骨、肉、气……色微者败正气，筋死者无肉，迹断者无筋，苟媚者无骨。是以气为主，韵从气生，其气为至大，至刚。”

此番谈话后，卧农先生又在笔记里写道：

我谓作画写字当以神气为主，应作神气十足，其韵自在神气之内。所谓神气，当有区别。有柔有刚，有动有静，有英雄，有美人，自有其本质神气。静如泰山，动如江河流水。所谓龙跃天门，虎跳凤阁。古人评王羲之字法，王者叱咤，良之神气，英雄本质。如“苏东坡大江东……”词以关西大汉唱之，陶缶铁板铜琶，然得其气韵，此刚之神气，是英雄气韵。公孙大娘舞剑，张旭观之得以为草书，比美人神气本质，此柔而动之神气。夫书一道，必具刚柔动静之神气与全身全神气魄为之，方提笔挥舞于纸。我与高剑父论书，高师是时写字我在侧观之，书完且说：“我书数十年，今天得提书之道，得之矣，为子言之。古言写字，腕力、臂力，二者，今天我则运动全身之力推笔，则字气力充足，非只腕力臂力也。”故我则以神气十足为写画写字法则，苟有神而气不存，亦不成佳作也。

于是，卧农又挥笔写下“书法之道在气势传神”。

卧农先生直指：

书重品韵，字如其人。张旭与怀素的草书各有特点，与其性格气质有关。历代名家书法亦各有其风格，魏钟繇之书内敛遒劲；晋王羲之书存典雅高贵之气；颜、柳、欧、苏之书法皆有正气各具才华，其书道各领风骚。但元代赵孟頫其字媚态无节气。

故苏氏不建议子女学习赵孟頫之字，他极为推崇颜真卿的《争座位帖》。

苏卧农作花鸟画，讲究笔法的运用，如《鹡鸰雪梅》（1961年作）枝干的画法有别于“宋院”的双钩画法，以书法用笔入画。前者的双钩画法易渐磨灭画家的激情，而后者的书写之法则以心中之韵律，绘出所悟之物态天趣，乃造化与心灵的融合。

卧农先生在《绘画笔记》中写道：

这次我写梅枝，感觉过去直笔表现，颇觉老笔苍茫，气势挺起，自以为好极了。（因吾）后临《石门颂》碑帖，挺笔悬腕，运气力于臂腕指间中，而其笔锋隐藏，而笔力之气含蓄于中。（恰）如武术功夫之太极拳，运气功于内，要慢而力到。过去写枝，运用的多是如武术的洪家蔡家功夫，表面觉来好气势，然少于含蓄，其笔力浮矣。

绢本《鹡鸰雪梅》之山石连皴带染，流水用极淡的靛青相间，营造出空间感，仿佛有微风吹过，清波荡漾之意。梅树用浅淡的枯笔勾勒出遒劲有力的梅枝，近处树干又以湿润的浓墨大笔皴染，用笔老辣，意韵高古。梅花以“湿画笔法”，使淡淡的朱砂仅若可见，红而不妖，淡而不粉，恰如诗人王十朋的《红梅》：“桃李莫相妒，夭姿元不同。犹余雪霜态，未肯十分红。”花萼褐绿，花蕊淡黄，满树的花姿各不相同，或含苞待放，或肆意绽放，朵朵冷艳，缕缕幽芳，引来鹡鸰。身染石青的鹡鸰似是刚至，双爪轻轻地踩入雪中，显得轻快、跳跃。此作设色单纯，以褐中略带青为主调子，使高古的画境带出一种寒意。雪景红梅“看来岂是寻常色，浓淡由他冰雪中”，体现出梅花凌寒独自开的傲气。此画蕴含着“桃花源”之诗意，更流露出文人之修养情操，凡此种种，皆是“人画一境”之真实写照。

至于“人画一境”，香港著名画评家、诗人郑春霆曾这样评述苏卧农：

守素安贫，而冲襟粹质，不琐琐于世事，故艺事清高，如云山烟树，出壑清泉，而其画也，不屑作惊世骇俗之想，有洒然独得淡远清华之妙。

荷花乃历代文人墨客喜爱的题材，卧农先生之《莲影白鹭》（1961年作）以荷影入画，以虚写实，确是玄妙。画中风微水清，芙蕖盈盈映入浦涧，“白羽仙客” 闲立莲间，如镜花之象，禅意顿生。画家将白鹭的神态刻画得淋漓尽致，其目光炯炯有神，若有所思。白鹭通体雪白，被精准绘出羽毛的生长结构，而不露痕迹。“生活为我出新意，我为生活传精神。”卧农先生作画看似平淡，却充满玄机。纸材、笔墨、题材、构图等均在佳作中体现新意，应是用心体察、反复推敲之故。

1961年9月，花甲之年的卧农先生仍不辞劳苦，登南岳衡山览胜，进行半个月的采风。当月25日早上，苏卧农与画家胡根天一起登衡山，观苍松云霞之奇景。山幽小径，初时一片葱绿，行至深处，便一片云雾萦绕。俯视山谷，白云滚滚而来，笼罩住苍翠的松林，层层云烟掩盖了远处山路，只剩下隐约的松影，四顾虚无缥缈一片，整个衡山都藏在云雾中而不见。两人开始了写生创作，胡先生擅画山水，见卧农写生时用米点画之，奇道：“米点常用横点，何故用竖点呢？”苏曰：“衡山松树葱郁往上生，竖点更能表现衡山的风貌。”胡叹曰：“苏先生观察入微，别出心裁，可谓独步古人！”

此时，头上云天，不过咫尺，卧农先生不由喟然兴叹：

若不登山，不见此景象，何能作此画材。余乃画一幅题为《白云笼罩万千松》，笔格秀健闲逸，创造新绘法，神态自然，真美合一。

衡山有半山亭，所谓半山，为至祝融峰半程矣。该山亭风景殊美，山中松树秀茂。亭中有一联："遵道而行但到半途须努力，会心不远要登绝顶莫辞劳。"此联记入《半山亭写生》中，并注曰："此联有勉人上进笃行之意。"卧农先生倚栏眺望写生，画下《半山亭远眺》，并写下笔记：

遥看湘江若隐若现，下视群山若丘陵。画面近远一重一轻，而将山亭集中为主点。亭下空，而取其高也，俯瞰其远山远水。时在五时将近，雾云烟笼中，四方横翠微，是东方山水的情调。

半山亭对面有所新建洋楼房，路旁有一老松，其树干形状如龙，宛曲而挺上，树皮像鳞甲般生成，更有背脊隆起，且顶梢有枯枝眼，有如老干参天欲化龙之态势。予观赏过很多松树，如在北京颐和园万寿山上则见乾隆亲手植的白皮松，亦觉其别具风格。寻常松树生长直干多，须有悬崖方成挂壁之奇，经风霜摧残方显其妙，或作斜倚而落根，状态繁多，千姿百态。然苍劲形状皆莫如半山亭此松之肖妙，干似龙状，矫扭宛转，自披“龙甲”，此乃天下之奇松也。待闲暇时重画之，作画题为《老杆参天欲化龙》。

次日，卧农先生去磨镜台招待所。早上，路过观音桥游泳池畔取景，立桥上观泉流而写生，不多时便烟云弥漫，待其急速完成之际，已下起微雨。这幅画作半烟云处理，以墨蓝色为基调，中国山水画首重空灵、烟霞气象。而岭南画派更兼顾气候、天色。其描绘深山烟雨，是爱好自然的表现，画家仿与画中景物融为一体，此乃得之天成。苏卧农反对附庸风雅之士相互抄袭堆积满纸之行径。他走近大自然，以“真实的自然”为对象，在画流泉之石时，详细地审度观音桥流涧上的石层久受水流冲击形成的独特石纹，并思考应运用哪种笔法、以何为色调，这样的思考非常重要。因为石头种类繁多，如涧底石头、崖岸大石等，其形状质地多不同，用笔时要有刚有柔、有方有圆、宜轻宜重。深透画理，下笔自然得心应手。

稍时，雨变大了，正待避雨时，突然发现对面山壁上飞瀑争流，在崖岩下，余细观它形态及水之流动。久思，抽其大意，取其特征，然后动笔写之，得《涧底泉声带雨秋》此作。

卧农在《绘画笔记》中记下此情此景。此次衡山之游，苏卧农仔细琢磨了瀑布之景，并记录下极有史学价值的绘画笔记，他写道：

> 我是次游衡山速写了三条瀑布，其一是白龙潭，另是半山上的观音桥与龙舒桥。三条瀑布的水流气势不同。归后试作其画法。此瀑布不同其他瀑布的气势，因其水势大、长，约四五丈直曲泻下，要用长线条表现之。但在质量上不得不注意线条的流动姿态。如剑父师的《昆仑雨后图》，他取其如烟如雾。我曾与剑父师研究过瀑布，他多是用没骨法为好。与陈树人研究瀑布写法，他对古人略嫌其写法简率。（陈树人）云："只写数条线香骨便是瀑布，不可观，不够生动美。"我看其作品，他以繁笔来写之。然我觉他亦未见水流的质量。至于美，他不若剑父师的写法。但我少作山水，过去没有细加研究，所作不过一些补景的花鸟画。如在山水方面未有全景写之。如写鼎湖飞水潭之瀑布，则用剑父法来画可矣。或兼些古法线条，画二三笔于边旁。至于白龙潭的瀑布我则用今、古法，线条取用流线型，多曲而转动。过去古人或今人写瀑布，或以线描一条条挂于崖岩石间，或以秃笔写之，则

谓老笔。简略是尚，至若线香骨写二三条更甚矣。余观古人画山水，每幅山水画多有瀑布，然多简略。如王维，亦如犁耙梳齿，用笔太硬，而失其质感。吴渔山用笔稍柔矣，而亦有梳齿之病。水性是柔的，瀑布则柔而带动兼其气势有万马奔腾之感，故用笔柔劲而转动。线条应作流动，其直带曲，方能表现动态、气势、质感。况瀑布为画面突出主要部位，岂能简略耶？画水是极困难的技巧。应多看多写真水，注意其流动。假若民族艺术、民族传统以此便是，则失我祖先的遗产，更叹我们后辈无开拓也。

瀑布因石阻而转流，水纹的线条随石而取其气势。苟不明此道理乱写水纹线条，何能得流动的精神。故先审察石形，乃然后动笔不至乱也，柔而取刚，有翻山推石之力，然为是瀑布焉。

关于他所作的《南岳流泉》，在其笔记中有此述录：

黄新波谓："予曰此幅用墨十分好，不可轻视也。"今为广州画院收购，今日灯下乃记之。

一九六二年三月十三晚

此番南岳衡山写生之旅，卧农收集了大量素材，创作了一系列的中国山水画——《衡山半山亭》《白龙潭》《观音桥》《涧底泉声带雨秋》《龙舒桥》《半山亭远眺》《白云笼罩万千松》《老杆参天欲化龙》《南岳流泉》《燕子岩遥望南天门》等。

1961年12月，广州画院（后为广东画院）召开座谈会，对岭南画派的四个方面展开讨论：一、岭南画派的历史；二、岭南画派的特点；三、岭南画派的影响；四、今后岭南画派应该如何发展。会后，苏先生感慨良多，思及第一代岭南画派画家从居廉、居巢到恩师高剑父，到画派的理论与宗旨，皆来自实践，他们是当之无愧的实践者……思至此处，卧农先生不由写道：

> 真、善、美是春睡画院改造国画的信念。而又以民族性格、民族传统的特点为前提，探讨学术。故将先人遗产，细加考究之，从而来研究风格与传统的流派。甄别精良、渣滓、糟粕，而求其去、弃、取，来发扬文艺作品中的优良传统。先求民族的性格，而后得知其传统……

同时，苏卧农先生作《民族传统艺术与见识创作问题》一文，其中指出：

> ……不学宗先的艺术精妙之功，而稍涉一二涂

抹。只在书本及古人作抄袭出来，个人对风物没有好好地发挥表现，是辱宗先的艺术。宗先遗下来的艺术有它的精神思想，而对发挥其情感，其方法是有他创造的。在名家方面来说，各有不同的好处。所谓师法舍短，当然有各师各法，而亦有自我思想感情结合的。主观客观的环境，有法无法的创造而产生他的作品。

1962年，苏卧农先生兼任广州市文史夜学院国画教授。他在教导学生时，经常强调写生的重要性，并给学生作示范。苏老师精要地指出，艺术家并非自然的模仿者，在"艺术与事实之间，要灵活运用'裁云缝月'之法，虚实间的恰当取舍，自成妙品"。除了艺术上的技巧，卧农先生还注重画家在品格上的修养，他对学生们说："固必有相当艺术修养，方能成为时代作品，为生活的艺术。"并以身作则地做出表率。据其学生回忆："老师爱喝酒，有次花了壹元两角钱买了瓶'老白干'酒送给老师，老师却责备我：'你们没有经济来源，钱应用在买纸笔上，就是对我的回报，我不需要你们买东西来。'每星期我们求拜老师，反而是老师用水果招待我们。老师不但教画画，还教我们种花和做人道理——不滑、不偷、不欺、不诈。"诚然，越是在艺术上卓有成就的艺术家，就越注重自身人格的铸造、品德的修养。

苏先生用心对待学问，也常耐心地指导学生。有次，学生拿着画好的牡丹请其指教。他先是称赞该学生画法似恽南田，接着指出画中非牡丹也，而是芍药。原来花画得太小，缺少牡丹的花形叶貌，故看起来就不像牡丹了。还有叶子的数目也不妥，他告诉学生："南方培植的牡丹过冬后长出第七片叶时开花。"可见先生对各种花卉的熟知程度。他在教学生画凤凰花方法时，引导学生观察凤凰花的长势，注意观察花托前后颜色的差异，并要求学生把熟知的物体形象融入新意盎然的造型构图中。他指导学生先观察、写生再去琢磨、提炼，从而画出个人风格。

他还写下了《最模糊处最分明》《讲面子》《形似与传神》《说技巧》等多篇具有独到见解的学术文章。

苏先生画花也种花，更对花草树木的出芽、开花、结果之期都有详细的记录，写下了《花卉札记》，认真仔细地记录了七十多种花的栽培技术和生长特性，如：

> 睡莲：现在我园中种的是上海来的品种。黄白色，细花的一种，花开的时间约三四天。花朝开暮合。如人睡觉的时刻，故有是名。
>
> 木桃：庚子年春正月，我在花地见有木桃花开，乃摘其一朵红色的观之。此花近一两年花地有种，名与科别还未研究详细（有待考究）。此花色如红棉花的色，芯重出，萼如榴花般。
>
> 杜鹃花：此花颜色、种类多样，有单瓣、重

瓣、亚瓣品种。此花以法国培植为最，而法人多爱好。我留学东京时多有探求，归国时只买得十余种带回园中繁殖。抗战时期，因避地香港，各样奇花异草多已枯死，仅存粉红色一种。此种粉红色的杜鹃花能变三种色彩的花，一为白色，一为紫色，一为紫间粉红色，我名之为香杜鹃。此花之香味实花中之最，香透脑海者。假供一盆于室中真兰麝之香，而人为之神爽也。……1962年5月1日，广州市文化公园主办杜鹃花展，品种数十款，颜色多是红、白、紫深浅色。花形如洋玉簪花，亦有些是重瓣。有大红色细花的如江南红，花极为灿烂，是次展品多是由上海外地运来。前时我在留学后携回国的十余种，现还未见有人种。可惜我在抗战时将留学搜罗物品全部失去，甚可念念也。

1962年5月10日，文化公园建园十周年，朝雨滂沱。我冒雨参加盆栽会作品评活动摄影。

——苏卧农《花卉札记》

1962年3月，苏卧农先生应广州市绿化工作委员会之邀与市委领导一起春游。游至流花桥兰圃，看见新种的鹤望兰花。这花姿态优美，在绿叶衬托下白色的花如仙鹤玉立，高贵绚丽。卧农先生心情激动，随即写生，并记下："该花在醉观园见过未作写生，今天写回来，是为偶得之。"

苏卧农任园林局顾问时，副市长林西常来苏先生宅院里，就城市绿化、园林规划等问题听取专家意见。苏卧农常有建设性的意见，如："花地作为原生态的农田，耕种花果，可以在保留原有生态基础上，建成自然开放式公园，其优越性在于：农民仍可在此耕作，市民亦可前来参观、选购，保证了盆栽、花果的销路，同时，这也是一个休闲、体验生活的好去处。"

时任广东省委书记陶铸正好来花地视察，听到此番话非常高兴，指着一棵棵百年果树说："这建议非常好！既不影响农业生产，同时又多一个旅游景点，从自然环境保护的角度出发，在保护花地原生态之余，更为城市提供绿色之氧。是有利于城郊发展的好建议。"

卧农先生也是一位经验丰富的花农。他喜爱花草树木，在体力劳动中感受幸福与快乐。他的花园里栽有数百种花果树木，每种植物该何时换泥、何时插枝、何时嫁接等，在他的园艺日记中都一一记载。如：

> 红硬枝海棠花是立秋起花，芒种开花。白硬枝海棠则早一些时间。金边吊兰芒种前开花。白兰开花在立夏。荷兰玉兰芒种前开花。碧苔莲花芒种已见花。

他还把兰花的繁殖状态、生长过程作详细记录：

金边大贡兰，由两盆分为八盆。由一九四六年来种，只得十枝，今年共得三十九枝。金边墨兰初时两枝来，已五年之久，今得六枝，但今年有四枝花……此种墨兰，不换泥已三年，今年生长不好，叶多生蚜虫，亦无花，头多腐烂。今年所培植用陈村塘泥盖上面，下用茶滘塘泥。去年有用烧过老糠种者亦颇好，但此工作麻烦，是日只种十盆。

春节，越秀公园举办兰花展，卧农先生参观后回来写道：

……是次展出品，多为东南地区各省市参加。品种几十种，款式极多，为广东少有之物，广东人过去少种。因其花只生出一二朵，高茎二三寸，人多不爱。广州人多喜爱蕙兰，如仙殿白素心、徽州墨兰、鹦鹉墨兰等。秋兰则如金丝马尾、银边大贡、仁化白、金边墨兰也好，是广东人一般见爱的兰花。兰花瓣有两种区别，一种是荷花瓣，一种是梅花瓣。荷花瓣长，梅花瓣圆。花瓣有绿色深浅之区别，兰叶有贵贱区别。

在恬静的花园里，他忘记了纷繁芜杂的拥挤城市。他的笔记中还有一段记载：

江南野中有一种小白花，本高数尺，春开极香，野人谓之郑花。王荆公安石常欲作诗而陋其名，予请名曰山矾，野人采摘郑花叶以染黄，不借而成色，故名山矾。

作画二十四番花信，有山矾一种，我未见之，不敢画此花。因我园中种有山矾花五种，朱红、橙红、淡红、黄色、白色，俗人称为龙船花。旧俗五月五日节，人多用菖蒲、艾与山矾，为插于门口，水上人多用之插于船头。但不知同此否，故不敢画也。

我推想盆栽艺人称一种春花，疑是山矾花。人不识其名，就称之春花。与野人说郑花，他请名曰山矾。有其意也。花木有很多名号，《广群芳谱》所载一花数名者或各地方呼之不同也有。我知君常改花名，如王安石欲作诗而陋其名，亦因花无名称则改之。我园中之五色山矾，通称“英丹”或称“马缨丹”，俗作“龙船花”呼之矣。

因未见之，故拒绝随意臆造而作，可见苏卧农先生对艺术的严谨。

苏卧农即使长居城郊花地，也能一心一意地栽花种草，养鱼畜禽，钻研艺术，这就是“结庐在人境，而无车马喧。问君何能尔？心远地自偏”的境界。

1962年，苏卧农先生创作国画《母子火鸡图》《喜鹊红柿》《哺雏图》《月光花蝶图》《火鸡图》《红梅》《鳜鱼》《老鼠南瓜》《游鱼逐落花》等。其中《芍药花鸟》作品交广州市文史馆参加元旦文艺展。

苏先生深受左邻右里的尊敬，他平易近人，常与农民互相分享种植花木的心得。一天，他走向花田，与邻近的花农闲聊时说起最近自己嫁接之经验，其技巧、要注意的关键都毫无保留与之细说。有时，花农们也会主动向卧农先生请教治虫害之妙法，如何在不伤害花苗的前提下，有效灭虫。苏先生经过多次尝试，把调配农药和稀释的比例告诉大家。尤其以烟骨（烟草叶的叶脉制造香烟的废料）煮水灭芽虫，很讲究经验与时机，苏先生将其心得详细地告诉花农们，大家都心悦诚服。邻居也经常互赠一些自家种的瓜果来品尝，大家尤其喜欢苏宅园中的人参果，果香怡人，沁人肺腑。

当青葱的绿叶渐渐变黄，枝头的叶子开始疏落，看一叶落而知天下皆秋。花园中那棵高大的柿树，被秋风染红了果实，果熟禽来，引得喜鹊高立枝头声声唱鸣。这番景象正是卧农先生笔下《喜鹊红柿》的真实写照。他在画中题曰："红心颗颗艳，喜雀（鹊）躍躍鸣。壬寅八月绘于绿竹堂。"中秋时节正是收获喜悦之际，三只喜鹊俯仰顾盼，昂首高歌，其位置经营，匠心独运。画中柿树枝叶用"没骨法"，运笔书写，枝条穿插，出于天成。静美的秋叶用"撞色撞水法"，运笔随心所欲，片片叶子正反背向，揖让聚散，得之天成，章法布局如动人乐章。硕果红柿，层层晕染，色泽饱满，惹人垂涎三尺。此作既有传统中国画之笔法，又不失现代感，妙趣横生。此时，卧农先生作画看似无招胜有招，已臻化境。

多年前，苏卧农就用一块块的石砖，在自家花院搭建了专养火鸡的场地。据闻苏家的火鸡还能守门，宵小之徒莫不防之。也许，仅仅做到自己养火鸡并不难，关键的是他还提倡乡人多养殖火鸡：

> 我畜养火鸡数年，自一九四八年起饲养。不但要为绘画素材之一，亦为提倡乡人对此种大鸡繁殖起来，共同畜养，增加生产，而不独为绘画而畜之。外国人所谓食大餐，不外是火鸡一只与其他些食物配合就是大餐了。然火鸡的确够大只，假若七八口人家吃一只火鸡真是吃不完。火鸡生长迅速，如畜养八九个月它便有十二三斤了。而需饲料不多，它是半吃草动物，如有菜叶青饲料等，则能繁殖畜养了。其肉亦颇可口。若用油煎烤之则气味甚佳，煲、焖，由人所好。我提笔述之亦垂涎三尺矣，不暇详记。

养火鸡多年，卧农已经积累许多的素材，但仍在思考绘画火鸡技法上的突破，以下引用画家《绘画笔记》中的一段话：

今日我动笔试绘一大斗方创作一雌母与数雏，以简略法之技巧来画。先用水墨从鸡身画起，是用水破墨法。用笔横点带拖，或撇或捺，或竖或直等种种之笔法，使其形质天成。如石涛言，我有我法。大胆来创作试用浓墨淡墨、干笔湿笔，随意运用。顷刻而成神妙自然，活跃纸上。绘画之道难与外人言，我欲写火鸡一帧，其稿已绘了四年之久，而未尝轻率动笔，时时思考、尝试用何技法画之。第一次写墨火鸡时用罗文纸，第二次用大宣清水书画笺，皆不好画，而乃久久不理会那些草稿。搁之四年，今乃以简略法为之，神气十足成快事也。画鸡冠时亦宜细心注意。

《母子火鸡图》中，卧农先生的简笔画法，笔法天成，确为神妙！这体现了苏先生勇于探索各种新画法，善于运用适合表现物象，并具有个性化的技法，从不墨守成规，并且善于总结经验。

苏先生创作的《月光花蝶图》，灵感同样来自家中的花园，那里不但蕴藏着无数的绘画素材，更是他心灵的净土。卧农亲笔所录：

今我见一只蝶蛾，挂于花间。乃写生，为作

“月光花蝶梦”，也清奇也。作画有妙得，不单是苦思得来。所谓迁想妙得信乎。终日踩踏山岭游五湖，过丛林穿花径，一无所得好的题材。偶在荒烟蔓草间，忽发觉得来一素材，其神妙有不告人者之快。

苏卧农先生常闲吟几句寄情诗画，此作完成后即赋诗：

月光花蝶梦，清晓露初寒。
素影怜香憩，藤蕃独寄安。

《月光花蝶图》中，洁白的花瓣在层层渲染下，淡然绽放，花叶在细线勾勒后，一脱宋院脂粉之气。卧农以“撞色撞水法”，将月下深绿的叶子染上古铜的墨气。蝴蝶设色上，先着上淡青色，再覆上薄粉，少了宋院斑斓粉质的感觉，顿生清辉冷艳之意。宋刘道醇《圣朝名画评》“六要”之一“彩绘有泽”亦对设色有所要求，即设色讲求表现物象的固有色，追求单纯、概括、明净、清新的色感。在讲究写实性的角度看来，苏卧农先生无疑承传了自宋以来的传统，也通过生活中的观察和思考有自我的创新。可以说，这些都是与他所处的时代背景、生存环境、个人际遇、禀赋天性，以及个人对生命、自然的体悟息息相关。

卧农先生晚年教导百揆时，有这样一段画学谈话录：

《月光花蝶图》画境是写清、静、空、明之感，画画与作诗其理如一，“炼句精巧易，平淡入调难”。写诗填词用华丽的文藻并不难，难的是平淡而耐人寻味。书画者亦然，剑拔弩张奇险易，清静空明淡然难。画画，繁花锦绣易，简洁清纯难。此画以写生素材成画，在平凡中见不平凡！难得的是其画格清新明静，澹然天真。

《庄子·齐物论》指出：“枢始得其环中，以应无穷。”这玄妙之理，是通过作者心灵空间的拓展，超然于物外，这“象外追维”更是历代画家所崇尚的，若说宋代花鸟画的纷呈让诗意尽显无遗，那么苏卧农先生所作的画境则是言有尽而意无穷。

第三节　见微

湿地苇草丛生，苦恶鸟（俗称田东鸡）在绿茵地里找来虫子，喂哺自己的孩子。如此温馨和乐场景，出自卧农先生的画作《哺雏》。“长日醉芳丛，吹来麦浪风。芦苇后处立，小哺向田东。壬寅初夏纫秋寻句。”词人吴纫秋与卧农先生常有来往，吴先生见到《哺雏》时，深受感动，遂为此画题诗。

卧农先生在生宣纸上画出茂密的芦苇草丛，成竹于胸的用笔畅快劲健，交错有致的草叶层次分明，毛茸茸的小雏鸡灵动可爱。母鸟递出小虫子，孕育生命，眼中流露出无尽的母爱，慈祥和蔼。鸟爪刻画的线条遒劲见筋骨。

夏日炎炎，乘着竹林之清风，苏卧农先生午睡正酣。突然，聒噪的蛙鸣一声比一声高，惊醒了卧农先生，他顺着急促的响声来到园中，偶然之间发现了螳螂捕蛙的生物现象，做下了写生稿《奇异》（1962年），画稿上还有一段记录：

> 居园中闻蛙声呼急，以为蛇吞蛙也，乃往之。殊不然，是螳螂与蛙相斗，螳螂之臂制入蛙胁中，而蛙无能为力，正是奇异之见也。

苏卧农将这鲜见的奇观画下，并题曰为《奇异》。

此奇景虽是画家首次见闻，但画作却尽显蛙受螳螂之击的痛苦。蛙痛而弓腰，其胁被刺，则前腿微向下屈垂，四蹼紧缩。螳臂紧螯不放，蛙只得无力地闭上双眼，螳螂胜之。这千钧一发的场景，竟被苏卧农先生简练数笔，就勾勒得这般惟妙惟肖。螳螂捕蛙这样的题材从未在传统的画作中出现过，今人亦难以想象这等奇景。这是传统的宋院宫廷花鸟画无法比拟的，可问古人师者谁？一味师古，终入程式化之道。苏卧农一反摹古之枷锁，在生活中获取源源不绝的灵感。在今天看来，当时的中国画或是“折衷”西法，或是以飞机、大炮等入画，可说是抱着爱国之心的艺术试验，而苏卧农的画作忠实地展现自然的无限丰富与美好，在简朴天然中实现真正的革新。

苏卧农先生处于西学东渐的时代，在传统和革新中选择了一条适合自己的道路，并获得了瞩目的成就。他在艺术上最突出的一点，就是绘画题材的革新。他的绘画创作离不开生活之实践，各种生活中看似常见的题材都被他以特有的艺术语言和艺术风格赋予时代精神和生命活力。

1962年，卧农画《鳜鱼图》送给岳母。苏先生是一个爱好美食之人，在笔记《鳜鱼画法》中，他颇耗笔墨地描写了鳜鱼之鲜味，读之不由得让人食指大动，垂涎三尺。

桃花流水鳜鱼肥，是古代的入画题材。曾经有无数古代之人画过，是古代传统绘画题材。古人写画多识天时气候、万物的生荣、地方的出处，如松江四鳃之鲈。今我省出鳜鱼。报纸上登载过，人多说及是鹤山县大口墟古劳围内的出产为最佳（即九江对海处也）。我曾吃过两次，首次是我到围墩村探邓沃光表亲，适有渔民获了两条鳜鱼求售，我买了蒸之为下酒物，其鲜美与酒并驾齐驱，令人大快朵颐。饥者食，渴者饮，龙吞虎咽，未知十分的滋味之美。如正德皇帝吃珍珠粥（麦米粥）故事所说，饥时所吃与饱时所食不同味，是深入生活得出结论答案。若说此鱼怎样美味，我答曰第一是肉结实、少骨。因我最怕食物中有骨更怕鱼骨，哽喉也。因此我说它好是感觉只是肉结实骨少。味不过亦是鱼的一种鲜美了，什么好处未能道出。第二次得吃此物鳜鱼，不平常了。乃是一九六二年岳母邓玉琼返鹤山围墩乡带了两尾来给我吃。此次吃的时候是夜间十时了，乃与老妻分享，得慢尝其滋味。肉爽味鲜，比诸其生鱼、山斑、石斑等鱼所不及。鳜鱼科与上列生鱼石斑等同样色泽，但形状不同。其肉则与其他鱼有区别了，然味道还不及十分详细道尽，至第三次有得吃时再详述之。

……我是每见了一种新的物，必即行写生写

形，作为一种绘画上的素材参考，遇需时有用，它即为我的资料。我吃第一次时写过该鱼的形。第二次晚上吃前也再写了它的形状。而且更详细地画下该鱼，所以现在要再画，不是十分困难也。

我送岳母之《鳜鱼图》，她装裱在镜框架内挂在壁间。内兄玩流、内弟谷生探望母亲时见之，呼人买酒对着此画畅饮。然他们看画中鱼为下酒物，真快事也。比诸世俗语画饼充饥有天壤之别。是今春元月岳母返穗时语及此事。

卧农先生当年曾与关玩流、关谷生兄弟对酒共饮，听闻岳母说，他俩对画而饮，以画中鱼为下酒物，不禁思念感叹岁月似水流年……

1963年，苏卧农先生画了《松鹰》作品送文史馆并题跋："九秋鹰隼，万载长青。"他在手记中写道："平生画鹰不多，总共不过十幅八幅，此与1941年《雪晴》同为得意之作。"

1963年，广州大旱，五月天如小暑般炎热。咸潮已长达数月，花木多有枯死，以种植为生的花农们忧心忡忡。卧农先生也坐立不安，边手摇扇子，边察看旱情。忽闻杜鹃鸟啼，他不由心中大喜，赶紧回家写下：

杜鹃，又名杜宇。候鸟也。广州市时在二三

月，该种鸟多在夜间啼。如天将雨时，则在日间高鸣。古人有杜宇声声不忍闻，因其鸣带悲哀之音。花地农民、村人，以该鸟啼时则天将降雨，谓其名为天吊水，又名为金边吊水鸟。

四天后，当真下起雨来，密密麻麻的雨点灌溉着干旱的土地。旱情缓解，卧农先生即至流溪河视察。无意之间，他在人和墟的天秤井旁看见一棵吊兰沐浴在雨露中悄然绽放，心甚喜之，回家后，他画下《竹蜂吊兰图》并题跋："癸卯儿童节，观流溪河水源。在人和墟，见天秤井傍（旁）树上吊兰花，画之，卧农记。"

作者逸笔草草，就把种在椰壳上的几阙兰草表现得淋漓尽致，竹蜂嗡嗡地绕着兰花，更添几分情趣。

《蜂巢》是以黄蜂筑巢为主题的写生作品。悬挂在枝头的蜂巢，在墨韵与赭石的和谐中透出一种清新雅逸之感。飞舞在半空中的蜂更显"四两拨千斤"之妙。

卧农先生"园日涉以成趣"，同年他在自家花院中写生并创作的还有《塘边一角》。花地河涌阡陌，花田遍野，夕阳下河滩边随处可见蟛蜞觅食，游走于水草滩边。平凡的乡间生活，令人不觉有点散淡。卧农先生静静地站在河涌边观察良久，他善于在这平凡的日常发现不平凡的素材。《塘边一角》所绘就是在漫步于田基上常见之景物。只见两只红蟛蜞在滩边横行觅食，自由自在地嬉戏，还调皮地拉住竹节草的叶子，野趣十足，两三笔的竹节草更添诗意。简洁的构图、生动的笔墨，带有一种亲近自然并乐在其中的欢喜。这一平凡景物经苏先生提炼入画，已成至臻之作。

20世纪，乡村通电是一件大喜事，它意味着家庭用电、水利灌溉、农业生产力大大提高。《三燕凤凰花图》画中，以淡淡两笔的中锋线条，画出横空电线，三只燕子立于电线上轻轻细语，与烂漫盛开的凤凰花相映成趣。画面构图极具创意，其写意手法笔笔“见笔”，体现其功力深厚，每笔恰到好处，形神兼备。自然流露的真实情感，展现了生命之韵、和谐之美。作者在朝露晨雾、花开叶展之间参悟生命之奥秘，并以两根电线点出乡村新貌。

春天，院里各式桃花争相绽放，有探春、山碧桃、千瓣白桃、八重蟠桃等，经过苏卧农先生的悉心栽培，含芳吐艳。他常常靠在老藤椅上，看着烂漫繁花，闻着淡淡的桃香，不紧不慢地摇着鹅毛扇，一树桃花一壶酒，亦醉亦醒画中仙。穿梭于花间的小鸟，唱着动人的小曲。卧农先生灵感一动，创作了《桃花小鸟》，画中题字：“雨后熏风不动尘，田园生意逐时新。啭林候鸟声全变，结子红桃色半匀。癸卯春三月绘录古句卧农。”桃花繁盛，春色绝美，已至暮春三月，画家以笔墨留住这片春色。枝上的小鸟，看花姿含笑，顾盼生姿，自在陶然。

苏卧农先生赠给友人欧阳韶作品《菖蒲花》。欧阳韶在答谢中写道：

经年高卧傍岩阿，澹泊襟怀爱薜箩。拼效节旄餐北海，愧无铜剑赠东坡。清谈煮茗烧残叶，冷眼观棋笑烂柯。岂问西风感摇落，消闲书画一秋多。卧农先生为写菖蒲扇面赋此奉谢，即希雅正笑杏，弟欧阳韶。

1963年，国家经济困难，为了改善生活，苏夫人特意从亲戚家中带回十多只鸡蛋。卧农先生起初以为是给他的下酒菜，高兴得手舞足蹈，看着鸡蛋问长问短。当知道鸡蛋是用作孵小鸡时，就作了一首俏皮的打油诗与夫人唱和。妻子养的鸡长大了，每天都会下几只蛋，家里其乐融融也。可这些爱捣乱的鸡，总爱飞到苏先生的画桌上，急得先生说要宰鸡。不过，当夫人把热气腾腾的鸡蛋糕端给他尝时，一切烦思早已消去……

主人一笑先呼酒，劝客三杯便当茶。酒友到访，真是正合我意，使谈话更来劲，此公乃邀客之举。我曾访玩流内兄，他一见我便开瓶高度数酒。两人对坐谈笑，共饮干为止，此有酒无肴作茶饮。隔十七年后，一九六三年八月，有次晚上九时，访少甫十襟兄，他亦斟美味思酒一杯，作茶奉劝，然我此时晚餐已饮过酒，再饮此杯真不胜其力矣。

（右起）苏卧农、苏百钧、苏百齐、苏百揆、关琪仙、苏美华在花地园中合照

这是苏卧农先生的一段日记，可见他对酒之挚爱。苏卧农先生每天喝酒一杯，酒意画意臻美，此乃真性情中人也。但为此埋下了隐患，之后的十多年中，他经常因肠胃疼痛被抬到医院抢救。

1965年，春日和煦，草木蔓发，旅居香港的大公报记者任真汉先生到访花地。与卧农先生交流两地艺术的发展动向。他们交流了香港艺术界的新潮流与多元美术，并畅谈岭南艺术其时的创新探索。认同艺术家应深入观察生活，捕捉生活中的细节，从中汲取灵感，艺术创作应展现时代风貌及文化内涵。微风拂翠，两位艺术家在花地庭院内相谈甚悦，临行前任真汉特意为苏卧农先生一家拍照，留下珍贵的影像资料。

广州美术学院成立十周年，苏卧农先生应邀参加庆典活动，偕12岁的六子百钧同去。一路上他给儿子介绍美术学院的概况，还带儿子到中山大学访友，让百钧认识大学的环境、氛围，给儿子树立学习目标。百钧回忆："父亲对我影响的例证很多，记得还没上小学时，他就给我们每人一块画板，教我们对景写生。这种写生对于我来说从来没有停顿。由于父亲从小培养我热爱花草，这种启蒙教育使我比其他同龄人较早地进入了美术学习状态之中。记得父亲曾带我去参加广州美术学院十周年校庆和参观中山大学，激励我长大后要到最高学府学习。……小时候，父亲常带我去看展览，古代的、当代的都有。他会指出哪些画好，好在什么地方；哪些画不好，不好在什么地方。教我怎样欣赏艺术作品，让我知道该怎样去走一条艺术之路。父亲敢于对当时大家持公论的名家提出异议，指出其作品之利弊，使我从小就懂得不要盲从别人，要学会用自己的眼睛来观察这个世界……"

卧农先生性情旷达，一生以花为伴，对花草有着深厚的感情。他种花、养花、赏花、画花。在他的生命中，怎样能种好花，怎样能把花的神情妙趣、骨格风韵、富贵之态、野逸之趣画好是最重要的。在大自然的怀抱里，他用全身心的热情和真诚探索、观察、研究，苦苦地追寻人生和艺术的价值所在。

为了观看园中之花，苏家特意把客厅的一面墙改用篱笆砌成。20世纪60年代，苏家还没有通电，只能用煤油灯。卧农先生为了方便工作学习，在客厅中铺床作息。晚上灯光黯淡，似到野外。为此他写下自嘲句：

床设南檐下，为着读书耀。风雨须时集，萤月来光照。帷通居且安，四野虫声叫。常虑狐与狼，亦防鼠出窍。窸窣三更时，也是心惊跳。小饮醇半瓢，微醉乐中妙。人生知静止，思维何窕窕。年已逾花甲，俯仰自一啸。

春雨过后，竹笋便争先恐后地破土而出，卧农先生笑道：“破土前有节，凌云更虚心。”竹笋未出土前，就已在地里长好了小尖尖，等雨水滋润地表的泥土，竹笋就一下子冒出来，长高许多。为此苏先生画下《新篁高标图》，并题跋：“新篁茁长秀，老干挺高标。甲辰六月绘于绿竹堂。卧农。”

“老竹”与“新篁”傲风历雨地成长。画中“老竹”粗犷遒劲，新篁生机勃勃，高风亮节的精神展现得淋漓尽致。画家在竹林里找到了自然与自我的契合点，神遇而化迹，碰撞出灵感的火花。

卧农先生的卧榻旁边是一个大书柜，床跟前是一张大画桌，桌子侧面是一排大窗子。他亲手用粗竹疏疏地固定着窗框，却没有糊上纸儿，说是好让光照到画桌上。苏先生常倚南窗以暇观，看草木欣欣，鸟过云舒，持茗一品，闲来赋诗，自得其中。若逢阴天，风雨入窗来，他就移开纸墨，引壶自酌，一派从容。

东晋王子猷爱竹之深，直指：“何可一日无此君？”卧农亦如是。种竹满园，小至观音竹、文竹，大至茅竹、佛肚竹，更有撑篙竹、方竹、紫竹、斑竹等，不胜枚举。其各有特色：方竹四面平整，中空的横断面呈方形，乃广西桂林草木三珍之一，除了观赏用外，可造手杖、烟斗、烟嘴儿，陈继儒有云：“外方而内虚，得道已无上，不作渔郎竿，还斸仙人杖。”斑竹素有“斑竹一枝千滴泪”的美名，与紫竹、黄槽竹、金镶玉竹同种于园中，自会生出色彩变化。爱竹成痴的苏先生把自家的花园称为“馥林园”，把园中的居所称为“绿竹草堂”。每日午饭过后，他就把沙滩椅搬到园子的竹林下，轻摇羽扇听竹音，细品诗书烹清茶，轻吟浅唱，自诩是神仙日子。

1964年“四清运动”期间，苏先生在花地苏家巷的祖屋被花地乡“借用”，一借无还，同时用作绘画素材研究的小花圃也无偿划归生产队。

然而，苏卧农从来不会受境遇变迁而放弃他对艺术的追求。多年以来，他一直进行写生花卉创作，并在此基础上把最初的铅笔稿提炼成着色的作品。至1964年，他已画下多卷《百花手卷》。神韵源于自然，毫不泥于古法。每一幅手卷中，令人都能感受到花之生命力，苏卧农先生在创作《百合花》《牡丹》手卷时并作题记，写描绘心得：

写生，是掌握物的形态、神气。刹那间的变

动，使人扫兴。动物变动，人多知之，只好画其大致轮廓，得其神态，便作为参考制作素材已矣。花卉变动，有时人不知觉，你若慢写，一息间，它或已开放一些，或收缩一些。它的微小开放，不显得变动，非用脑力记之，否则花变形了。我今天写百合花，它是微小变动其形。它变动开放不若昙花之速，人易见之。昙花还有停止，而然后收缩。若百合则慢放，它的瓣慢慢卷舒。写时宜快速，写完后，再对其形，方可知它何处变化而改之。此为作花卉写生的要旨。变色，花会随时将彩色变异。醉酒芙蓉，人多知之，牡丹也是随开而颜色变化。

中国画的写生，不是单纯地“对景作画”，而是画家体验生活的重要部分，是领悟自然、师法造化的过程。正如卧农先生身体力行地栽花、爱花、画花，是因为认真地体察自然，才会有实践所得。画家作画的心得体会皆是来自对花鸟的写生创作。而每次创作时，他总是筹思再三，静静地观察对象，把握其形态，再现其神韵，创作后又会沉吟默思，秉笔作记。

卧农先生在《红棉册页写生》中，有这样一段笔记：

写红棉，过去三十年前与高剑父师同写红棉之研究，以作花形、树干枝条各种表现等方法。但我今年所写之花则为前时所未有。过去所写之花多是残花，是树上开残落地拾得。前年虽在树上采一枝来写生，但未注意时刻之问题。今次采下一枝作写生为时过久方动笔，照实着色，发觉花背上有紫灰色素，如样为之着色是错了。如花生于树上时，其背上没有带紫灰色，如开残之花方有紫灰于背上也。

苏先生的艺术之源是大自然的一花一叶、一羽一鳞……大量的写生为他的创作积累经验，他还常常深思自省进而注情于挥毫之中。重视写生的苏先生，还为自己刻下一枚“卧农写生”的印章。

时值深秋，苏卧农在墟市上花了三块钱买了一只苍鹰。他回到家后，第一件事就是仔细地观察，因为此鸟并非寻常易见的。先是把握它的眼、嘴、鼻及躯干的比例，再进一步分析苍鹰的羽毛生长规律，从耳毛、颔毛，到翼毛与背毛之特征。直到晚上，他还掌着煤油灯细细地画着。如是数日，画下各种样态的大量写生稿。

无怪乎卧农先生笔下的苍鹰写生稿会如此生动、摄人。稿中鹰的翎毛柔软，利喙刚坚，鹰嘴上方几丝须毛精妙动人，极细微处见苍劲，让鹰的威武和灵性跃然纸上，从中表现鹰的神韵。他用浓墨勾线染色，粗笔画出鹰嘴的刚硬有力；中锋勾勒，使之鼻头厚实有肉，写出角质带肉的质感；额用细笔，写出浓密的毛发，又以浓淡墨写出颈部翎毛的轻柔，用笔徐疾遒劲，一笔接一笔，一气呵成，气韵生动；胸毛大笔苍润，体现了画家笔墨的变化，刚中见柔，疏中见密。鹰眼球的黄褐色用“撞色撞水法”，呈现出宛若琉璃般清透之感；眼珠用焦墨，重笔写出眼窝的立体；眉骨用笔遒劲而内敛，更显苍鹰锐利的眼神，让画中之鹰威严不可侵犯，逼真传神。所谓“传神写照，正在阿堵（眼睛）中”，卧农先生应是深得其神髓。

苏先生对一幅苍鹰写生之作也能如此用心，刻画入微，可见他对待学术的态度十分严谨，即便是看似平凡的写生稿，亦会一丝不苟地勾勒完美。

强调写生，主张师法自然，反对陈陈相因是岭南画派的一大特色。可以说，写生之于岭南画派的意义是如何强调都不为过的。通过苏卧农的画作，不难看出他努力以写生作为突破口来革新中国画，亦不难看出写生在推动岭南画派风格形成上的意义。

这正是艺术创作之源于生活又高于生活的关键所在。卧农先生画了许多张鹰的写生稿，在不断探索、精益求精的过程中，创作了《山鹰秋叶》。时已暮秋，藤蔓早被秋风染红，葡果透出迷人的石青色，生命的热诚在秋色中张扬。作者以“没骨法”画秋叶，立见扶风之姿，得心应手地运用“撞色撞水法”，赋予秋叶生动自然的色泽。山石奇峻，大斧劈皴，刚劲有力，山鹰高立崖上，寒风凛然，有种遗世独立之感。草枯鹰疾，山鹰眼神锐利，嘴喙微张，淡然自信，神态自若。细看柔润的羽毛下，展现出肩膀、胸腹的体积感。鹰爪牢牢地抓住山石，显示出猛禽的姿态，形神兼备，展示出画家纯熟的表现力和超然物外之境界。

在西方，写生的对象包括人物、动物、风景，还包括无生命的如石膏一类的静物。而在古代中国，“写生”一词的原意是指，不依靠粉本而直接描绘自然界的花果、草木、禽鸟等有生命的动植物。例如，自号“写生赵昌”的宋代名画家，擅长作折枝花鸟而极有生意，有“写生逼真，时未有共比”之誉。苏卧农先生《写生感言》中记载：

> 画人作画，初入门老师必应教以写生，及目见各物，此不二法门。如先以画稿与他临摹，此画法也桎梏后辈，目睹各物的形状，对现实各种，绝不感兴趣。因他入门以此是画，对自然界不知从何下笔，不知怎样构图成为个人独特感受的一幅画品。

苏卧农先生一语道破了写生的重要性及意义。明清时期中国绘画史上存在一种“师古为上乘”的复古倾向。这种作画观念以临摹为捷径，重笔墨形式，轻思想内容，丝毫不体现对自然万物的感受，致使作品陈陈相因、积重难返，最终丧失了艺术的感染力，从而导致艺术创造力低下。若是按照晚清守旧的教法，只顾程式教育，埋头临摹，而忽略对生活感受的创作，那么在这种浓厚的因袭性中，不少人只习一家且不能跳出其“家法”的枷锁，不利于艺术的创新。苏卧农先生从大自然里寻找画材，以造化为师，运用独到的写生技法，化古为今，使之成为自己的血肉，而自成一家。

一次，苏先生中山五路归家途中，买了一只被枪打伤的喜鹊回来。他仔细地帮喜鹊包扎，并提笔写生。他一边画还一边给儿子们讲解喜鹊的生活习性：“以前在花地常见喜鹊在木棉树上搭窝。农民通过观察它的窝巢在树上之高低位置，有风与水关系之说——如鸟巢搭得高，则风不大、洪水大；如巢搭得低，则洪水不大、台风大。”他还在笔记中写道：

> 画喜鹊人，多有未写生，只在画本抄习古人的。苟且模仿平面外形，其黑白结构不分析清楚，多见其错误。背、胸、翼、三部位之黑白，如果不经过写生或解剖，何能得形神？是自欺之举，误人不少。过去我未写生，不敢画此，只在死标本写一次，亦不如生鸟之神形也。

第五章

岁月安然

第一节　晚年

苏先生的书房四白落地，简而洁，几案设二，一陈笔墨以绘图，一置动植物观赏。木榻置于窗下，疲时可卧之听风声飒飒然。书架书柜置于四周，柜子里的书摆放整齐，分类清晰，有中文，有外文。装帧讲究，种类繁多，有线装，有洋装。从野史笔记到乡邦文献，从动物生活到花卉盆景，从金文研究到古典小说，还有中外古今历代名画集……这些书都闪耀着人类思想的光芒，卧农先生不时随意抽下几册仔细翻阅。绿竹草堂飘逸着温馨的书香，散发出令人心醉的书卷气。“须知书户孕江山”，小小书房包含了浩大的宇宙，难怪文人学士对待自己的精神家园的态度丝毫不含糊。

历年来，苏卧农花尽心血搜集了许多绝版书、碑帖、画集、古籍，他常常把批注、心得体会、笔记等写在书上，但“文化大革命”到来，苏先生所做的许多国学文化研究都被付之一炬，真乃欲哭无泪也。

不日，卧农先生大病降临，住院四十余日，经诊断为心脏病。自此，心绞痛经常发作，伴随晚年。

1966年底，种花养鸟被视为“封、资、修”，园内名种茶花、兰花等各种花卉、盆景，全数被花地乡生产队拿走，历年心血之作殆尽，花盘空空如也，只好改种葱、韭菜。创作花鸟画更是不可能的事，苏先生就改为抄写报章、毛主席语录、诗词作为练习书法的题材，抄录了百米《毛泽东诗词》长卷。

“文化大革命”初，学校停课，苏先生就让儿子百钧、百揆抄写《分韵》字典、读背《诗韵》、学习《康熙字典》中的篆书。这样有两个好处，一是练得一手好字，二是学到汉字里的核心文化。

孩子们在抄写《分韵》时遇到很多繁体字、异体字，更有很多没有接触过的汉字，苏先生就会耐心地一一讲解。为了让儿子们更好地理解字义，他还常常讲述一些典故。如“藺”字，他会讲藺相如“完璧归赵”的典故。藺相如是如何临危不惧，面不改色，以智取胜，让孩子们牢牢记住了“藺”字的繁复笔画和发音。且“相”字也是一个多音字，去声时“相”（xiàng），辅弼之臣也，可组词“宰相”；平声时“相”（xiāng），交也、共也，又质也，可组词“互相”。

同时，苏卧农还会让孩子们阅读经典古文，以及解释古文的意义。如《卖柑者言》：“杭有卖果者，善藏柑，涉寒暑不溃。出之烨然，玉质而金色……剖之……则干若败絮。”储存多日而外表光鲜的柑子，切开竟是“金玉其外，败絮其中”。通过故事，苏先生教育孩子们为人也不能金玉其外，败絮其中，而且，对事物的观察分析也不能只看到表象，还要看清事物的本质。卧农先生以此教了许多文言文的知识给孩子，可见他对教育下一代的重视。

由于卧农先生的藏书被毁，经此一事后，他让其儿子百揆懂得："学过的知识，读过的书，就要记住，不然的话，付诸一炬，皆化为乌有。只有记住了，谁也拿不走！"他们自然形成苦学牢记的习惯。家里每天的报纸大家阅读完以后，就被百钧和百揆拿去练习书法。他们每天学习、练字、画画，并没有因为"文革"而停止。卧农先生每天悉心批阅百钧、百揆的写生图画、书法练习，指出其优劣，教导改进方法。当年，他们认真地听取父亲的教导，完成了整套《分韵》字典的抄写。苏卧农先生博闻强识，读过的诗词史学都记得。有时，他倚在床上听儿子朗声而读古文时，常会指出其典故、精要而评论之。如《赤壁赋》："且夫天地之间，物各有主，苟非吾之所有，虽一毫而莫取。惟江上之清风，与山间之明月，耳得之而为声，目遇之而成色， 取之无禁，用之不竭，是造物者之无尽藏也……"卧农先生点评道："此段阐明了作者对人生的感悟，表现了对江山风物之热爱与广阔的心胸。"他更教育孩子为人不可有贪念，世间万物各有其主，非我之物不可取，须通过自己的努力，凭真本事获得成功。

画室左右两旁墙壁上，挂着两个镜框，一边写着"自力更生"，另一边写着"奋发图强"。这是卧农先生亲笔书写给孩子的座右铭，以鼓励孩子们上进勤奋。

1966年11月6日，女儿美华与六子百钧前往广西北上“串联”，勾起了苏卧农先生对桂林的遐想。他写下《桂林山水甲天下》：

……桂林是一座风景优美的城市。有二千一百多年历史。以盛产桂花、桂树成林而得名。这里山秀水清、石美洞奇，素称“山水甲天下”。新开拓的风景区之一，共分四个景区。每个景区有大量的石乳、石笋、石柱、石花，均成奇幻多姿、色彩缤

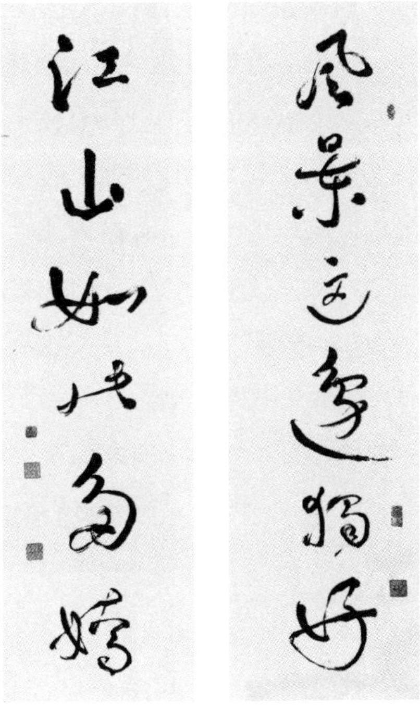

毛泽东诗句：风景这边独好，江山如此多娇。 苏卧农 1967年书法

纷的图景。在第四区的石鼓处，轻轻以手击鼓，洞
外内响起咚咚的鼓声。

卧农昔日游历名胜古迹，跋山涉水，挥毫作画赋诗的场景一一于脑海浮现。

平日，苏先生在书房里抄写毛泽东语录，多年的书法积累，行笔用墨早已炉火纯青。他写有“风景这边独好，江山如此多娇”的书法对联，似是信手拈来，却笔若游龙，挥洒自如，别出新意。

卧农先生还抄录了许多毛泽东的诗词手卷，画作《咏梅》题款录毛泽东诗：“雪压冬云白絮飞，万花纷谢一时稀。高天滚滚寒流急，大地微微暖气吹。独有英雄驱虎豹，更无豪杰怕熊罴。梅花欢喜漫天雪，冻死苍蝇未足奇。”卧农先生在生宣上洒以矾水，再染上淡墨底色，顷刻间，点点矾水变成画中细雪，如同纷飞之雪。数朵红梅怒放于枝头，落笔自如，花姿万变，生机盎然。梅树枝干用笔古拙，苍老如铁，气势如龙。在清冷的画境中，色彩点染，浓淡相宜，点点红梅在霜雪严寒之中盛开，傲骨铮铮。

1968年，苏先生的女儿美华与儿子百钧响应号召——知识青年上山下乡，根据当时投亲靠友回祖籍的政策，他们到了石井公社庆丰大队（现石井镇庆丰村），回到故乡当“知青”。

在此期间，苏卧农整理家谱。历代祖先相传下来的家

谱中，记录着家族的历代宗支脉络。家谱一代一代地传写下来，为告诉宗族后人自己的先祖是谁，是从哪里来（先祖根脉），到哪里去（墓地位置），及其姻亲关系的来龙去脉。卧农先生整理史料，不仅是对祖先的缅怀，更是对文脉传承起到积极作用。

根据家谱记载，苏法裁乃苏轼之曾孙。经过卧农先生的深入考证，苏法裁官至四品中宪大夫，自南宋度宗咸淳九年（1273年）从南雄珠玑巷迁徙，结竹为排，顺浈江而下，至广州城郊石门。此处山明水秀，土地平整，河涌交错，于是法裁公决定在此开荒种地，建宅而居，并将此村命名为“古料村”，亦曰“古鉴村”（现广州市白云区石井镇庆丰乡）。

“文革”期间，苏卧农先生心脏病加重，他自觉气促、心跳加速、呼吸不顺畅等。此后他经常住院，还一度失语数月。幸得妻子琪仙悉心照料，儿子百揆每天侍奉床前。苏先生失语期间，常常拿着纸笔跟儿子交流，虽然没有言语，但“此时无声胜有声”。他给儿子写了两副对联：“学在见闻处，事唯实践间。”“学无止境处，事在寻常间。”

“学在见闻处”意思是要留心观察身边的事物，所谓“百闻不如一见”，在听到的见到的事物上多加思考自会有收获。“事唯实践间”，只有通过实践才能获取真知灼见。常言“听到不如见到，见过不如做过，做过不如错过，错过不如错得多”，在实践中检讨，在失败中吸取教训，在磨炼中历练蜕变。实践—失败—再实践—再失败—直至成功。成功背后往往经历了无数次失败，绝非一帆风顺。

“学无止境处，事在寻常间。”学海无涯，永无止境，不可自满，只有不断学习，才能进步。世间事物都在平常生活中，要学会对寻常见到的事物留心观察、分析，自然会发现意想不到的收获。

就如绿竹草堂有随处可见的竹子，卧农先生教孩子画画时，让他们观察竹的特点，分析历代名家画竹的方法，有双钩画法，有水墨画法等。他也对孩子百钧、百揆讲述文同画竹与郑板桥画竹的故事，一个是“胸有成竹”，另一个是“胸无成竹”，各具特点，使孩子对画竹有深刻的理解。卧农先生说：

> 徐文长先生画雪竹，纯以瘦笔、破笔、烂笔、断笔为之，绝不类竹。然后以淡墨色勾染而出，枝间叶上雪积，竹之全体在隐约间矣。今人画浓枝大叶，略无阙处，再加渲染，则雪与竹，两不相入，成何画法。此亦小小匠心，尚不肯刻苦，安望其穷微索渺乎？问其故，则曰吾辈写意，原不拘拘于此。殊不知写意二字误多少事，欺人瞒己。再不求进，皆坐此病。必极工而后能写意，非不工而逐能写意也。
>
> 我画了三十余年画，然我自学绘画以来已经

四十余年了，但对笔墨两字，终生不敢轻忽为之。而时常在铺纸挥毫前，考虑纸笔的性能。如笔之柔刚之如何运用，纸之新旧精细粗劣，应作试验，而巧求运用。至于一画之中，以墨为重点者，当要细细思量。何是重点，其墨色深度当要占画上面积多少的主点。无论在上下左右中间，应有其主点面积，然后再在各宾位。合适的墨色深度亦要分主次之色度、浓淡、水分，将物形来表现，所谓神而化之妙。若用墨无主次、无远近色度、无浓淡水分，若夫无阴阳向背，是谓墨糊涂，亦是糊涂墨。是不止墨赭之消，真未入绘画之门，未得绘画之方法，未有用墨之方。岂能草率谈笔墨之奥妙？故用墨有方有法，是中国画之窍门。古人常云，墨分五色。何止五色，其色度很难计算。至于笔刚柔运用之不同，而笔亦刚柔之别。健毫、羊毫，其法不同，视纸质与绘何物，而辨别用之。但老经验之画人，亦能有方法运用。而表现于物之形态，无论破笔、新毫、刚柔种种，皆运写如意。此所谓熟能生巧，操笔之技多矣。握笔悬腕，指力种种，皆有方有法。如王羲之、苏东坡用鼠须之法，有如龙飞凤舞之态，所谓用笔技法之高峰也。至于笔走龙蛇、凤翔鹰突之势，欲速即可，宜止则止。轻重徐疾，抑扬顿挫，要掌握神气之妙，刚柔得宜，粗幼得体。笔法技法多矣。

这使百钧、百揆对笔与墨的实践和运用有更深彻的理解体会。

不能说话，卧农先生就用笔写，把自己的心得感悟逐一记下来。这对于一个身患重病的老人而言，需要坚强的意志力去支撑。他在《病榻志》中写道：

> 我花鸟画法，不是黄筌，不是徐熙之法。有周之冕勾花点叶。写生不是恽南田。我作画灵活，看其物来表现，结合技法与颜色、物质等来绘画。
>
> 吴昌硕点叶，齐白石也点叶，难在突破前人，再创新的表现方法。
>
> 笔要妙，墨要俏，物象（表现）要娇，色彩生光耀，气韵十足，构图高超，整幅鉴赏，气韵生动最重要！

对于绘事，卧农先生仍充满热爱和激情，病魔也不能阻止他前进的步伐。在其身体力行的影响下，儿子百钧、百揆坚持写生创作的生活习惯亦从没停过，这对于他们日后在艺术事业上的成功非常重要。

即使在病榻上，卧农先生依然研读古文、诗词，每遇到难得的佳句，就会摘抄下来，这个习惯伴随了他五十多年。

其手抄本《乐府诗集摘录》中，是一行行工整的小楷。从序中可见款识：“一九七二年一月五日，辛亥冬十八日古鉴老人抄录，时在花溪绿竹堂疗养。”这位古鉴老人顺从时间的安排，头顶华发，额有细纹，手里换过几根拐杖。他坦然地沉浸于读书的时光，做一个拾花瓣的人，身上布满草木土香。卧农先生坚守着自我，做喜欢的事，遨游于书海，认真写下每本书的读后感，还会做诗词的抄录，不仅有完整的原诗，更有注释、个人批注以及对文章的勘正，可见读者的思绪在字里行间激荡。

卧农先生的手抄本都是自己亲手制作的，以玉扣纸为材，折页装订，中间还可以垫上一张白纸。一是确保墨水不会渗到后面的纸张上，二则他在这张白纸上用红色圆珠笔纵向画线，让书写更工整又不影响美观。每页纸的上下各有两条细细的红色横线，也是为了美观和书写整洁。可见，卧农先生做事认真细致，一丝不苟。他把诗集抄录视作书法一般，运笔灵活，毫不马虎。观通篇文字，笔画富于变化却和谐一致，一行字写出来，错落有致，行气自然贯穿，望之如串串珍珠，神采飞扬。

苏先生虽然年事已高，但是在病榻上，仍然严谨治学。他的态度潜移默化中影响着孩子们，使他们从小对古文、唐诗宋词产生浓厚的兴趣。百揆向父亲学习，自觉勤奋地练习书法，通过摘抄大量的经典佳句加深了对古典文化的记忆，这对日后书画创作中融入诗意起到了很好的奠基作用。

苏卧农中风数月后，在妻儿的悉心照料下，病情渐渐好转，恢复了语言能力。这是喜事，让卧农开心不已，于是他又开始画画、写书了。不过苏先生患病后，身体还是大不如前，到了冬天，离不开以炭炉取暖。每天夜里，儿子百揆会仔细地把炉里的炭轻轻盖好，检查好炭火的分量才去睡觉。第二天清早起来，必先到父亲屋子里，把炭炉的灰清理好，重新加上木炭，不让父亲受寒。

儿子百钧在农村当知识青年时，同样也没有落下练字和绘画。每次回家，他总是骑着自行车，带上自己的画稿和书法帖练习，有时还会带上自己种的蔬菜写生。苏卧农先生认真地检查儿子的字和画，一丝不苟地给他批改，指出要改正的地方。其时，百钧在创作《雄鸡一唱天下白》遇到瓶颈时，卧农先生还会另作一幅示范以作讲解。

苏先生注重对孩子的教育。儿子百揆研习篆刻，并在父亲的教导下学习《说文解字》和《六书通》，是书法篆刻的工具书。其中六书造字法涵盖了金文、大篆、小篆等写法，保留了大量的古体字。

卧农先生更言传身教地亲自拿起刻刀，在灯下一刀一刀地篆刻为孩子作示范，他对百揆说："先刻好自己的名字，就可以钤在自己的画作上。"卧农还教百揆怎样在一方小印章上设计构图，讲究章法布局。除了雕刻名字，还示范闲章的雕刻。友人苏复光先生前来做客，看到百揆刻的印章，给百揆指导一番，传授篆刻的要领，还示范了章的边款、竹简、木刻等技艺。此时，雕刻的刀具已不能满足百揆学习雕刻之需求。故卧农先生致信画家陈凝丹，嘱咐他寻找“利生利”的篆刻刀。1972年，收到陈凝丹回信：

卧农学兄：

春节前来书敬悉。嘱找美术刀问题，经向我社同志了解，“利生利”已改名“利工农”，已不生产。此数刻刀，目前还未知何处有生产，如有消息，当再奉告。弟已返回佛山民间艺术社工作，知注并途，有机会再来花地请教。耑复并候痊安。并祝府上各位春禧！

弟陈凝丹，二月六日

苏卧农在花地馥林园绿竹堂画室教六子苏百钧、七子苏百揆习画

陈凝丹曾师从高剑父，后又跟随高奇峰弟子黄少强学画，陈凝丹写此信之时，任佛山民间艺术社主任。

从信中可得之，此刀已改名“利工农”，并已停产。卧农先生只好自己动手制作刀具。刻竹的刀，刀身要薄，刀锋要利，刀尖要成锐角，才可刻出秀丽的字体；刻石头的刀：刀身要厚，刀尖角度要大，才能破石成字，刻出金石之味。百揆还在竹制镇纸上刻了警句“业精于勤荒于嬉”，以警示自己勤于学业。

有一天，百揆放学回家，拿起笛子学着吹。父亲听到笛声，想起自己年少时曾酷爱音乐，现在还有两支笛子悬挂于床前书柜上。孩子问及父亲有关笛子的故事，卧农先生道：“我少时亦曾临风竹下，吹奏心中乐曲。”竹笛、古琴素来为历代文人墨客所爱，音乐与绘画有共通之处，皆是创作者内心情感的展现。谈到画理与乐理的关系时，卧农先生说：“绘画与音乐都需要营造空间感，绘画通过三原色丰富画面，以色彩之冷暖、疏密聚散关系感动观众，音乐运用五音之组合，以旋律、节拍、音色、和声，谱写动人乐章。一个是有形乐章，一个是无形画面。同样可以令人兴奋、激昂、平静、抒怀。”继而又说：“凡事都应多多思考，触类旁通，举一反三，方有所获，作者关键在一个‘作’字，开创自己的路子，如爱迪生发明无数，就是因为多动脑，开拓思维。绘画同样道理，需要‘开悟’，方有所成。”

第二节　画道

卧农先生冬天睡在画室，儿子百揆在其床前的画桌上画画学习，这样便于侍奉父亲，聆听其教诲。苏氏教子处世之道——“为人要正直，立品、立言、立行、立德；处世要谦恭善良、待人真诚。”他最重视培养子女正确的道德观。做人首先要“立品”，因为一个画家的品德、修养、气质，都会通过作品不经意地流露出来。每天，卧农先生都会指导百揆绘画，分析其每一幅习作的优点与不足之处。在讲评时，他让百揆在画阁中拿出自己当年所画的作品，讲述其精华之处，让儿子体会、领悟和学习各种绘画技巧的运用方法。除此以外，还传授创作时配搭色彩、构图、表现主题思想等。年迈的苏卧农把平生所学、积累之实践经验传授给百揆，悉心教导其画画、书法、美学理论。

卧农先生常提及岭南画派，讲述其当年创立的时代背景，艺术创作应如何推陈出新，文脉承传等。以下是他们谈及文化艺术承传和发展的实录。

百揆：岭南画派的创立，其艺术宗旨是什么呢？

卧农：岭南画派的艺术宗旨是“含英咀华扬今

榷古，钩玄提要熔西铸中”。弘扬中华民族的文化艺术，把中国画艺术发扬光大。

“含”“咀”指细细品味、体验，即深刻领会，消化吸取，理解透彻；“英”“华”指精华、神髓，即精神面貌、核心灵魂；“扬”是弘扬、发扬；“榷”是推敲、商榷、深入研究、探讨；“古”是指人类历代文化、前人经验知识；“今”是时代精神面貌，当今社会需要的文化思想；“钩”是探取、深挖；“玄”指非表象的、深层的奥秘，深层次本质问题；“提”是提出问题，解决问题；“要”是重要、关键之处；“熔”指冶炼提炼、去掉杂质重新归纳整合；“铸”是铸造、出新；“西”是西方文化，外国文化；“中”是中华文化文艺。

当年，岭南画派在中国国力衰微之际提倡文化艺术振兴中华，要找出革新中国画的良方。他们提出“含英咀华扬今榷古，钩玄提要熔西铸中”之艺术宗旨。这是对中外古今的文化艺术进行深入研究，不盲目照搬，不提倡拿来主义，应从纵向、横向来对比分析，哪些是符合中国画艺术发展需要的，然后取其精华，去其糟粕，推陈出新。倘若囫囵吞枣地继承中国画传统文化，必然积疾更深，被时代抛弃；全盘照搬西方文化就会丧失中国画的民

1969年，苏卧农在花地画室作画

族精神。因此创新要经过分析、思考、过滤、净化，不可胡来，中国画的核心灵魂是不能丢掉的！对于国外其他画种，应客观分析其优劣，因其画种不同，材质不同，审美标准不同，故不可生搬硬套，在实践中重新归纳整合，铸出中国画民族精神之魂。绘画艺术不可故步自封，不可陈陈相因，笔墨当随时代。高师（剑父）当年提倡革新方向，在实践中鼓励学生大胆尝试，所以众学生有各自实践所得。

回顾中国近代美术史，岭南画派与京津画派、海上画派鼎足而立，成为这一时期的美术主流。这无疑在美术史上是一个璀璨的时期，岭南画派是20世纪20年代崛起于中国近现代的绘画流派，随着民主思潮勃兴，以“艺术革命”为旨、社会进步为责，致力于中国画革新。

在中国画创新问题上，关键是以中国文化为主体核心思想来判断中国画，不可用西方文化标准，画家苏卧农先生是如何创新的？他用行动回答了这一问题。他的每一幅作品中，皆体现着华夏文化的内涵，画境诗意透出文人的书卷气。艺术源于生活，为在生活中寻找创作灵感，收集第一手素材，卧农先生数十年如一日，晨曦观花，更不惜夜里提灯上山去写生。大量写生积累成为丰富的画材，通过创作实践把亲身感受加以提炼，在作品中体现出他革新中国画之精神。这种质朴的实践精神影响着后学者，他们也按照自己的个性去作画，在艺术上不但没有墨守成规，还展现出各自不同的面貌和个性，各具特点。

早上，苏先生常会出去写生。有时他去花地茶楼饮早茶后就到醉观公园，看到每一种花、草、树木，他都会选取其最美的角度用纸笔记录下来。

卧农先生与百揆曾在夜间写生昙花，见证其从傍晚初放至午夜盛开，子夜始合到清晨凋谢的“昙花一现”全过程。有一天，父子俩在醉观公园看见刚刚引进的红色昙花，竟然是白天开放的。于是，他们进行红色昙花的写生。在醉观花园的一角，一丛棱角分明的长条叶子如长剑般野蛮蔓生，殷红娇嫩的花朵在叶尖处盛放。这些凌空盛放的红昙花迥异于白色的昙花，它们只在白天盛放，且每天晨曦始开，中午盛放，傍晚收合，接连绽开三天方谢，故“三开三合”，这非常有利于画家的观察与写生。三天下来，苏卧农画了很多红昙花的写生稿，回家后整理并完善创作。可见其治学之严谨，也对绘事充满热情。一年四季，花信不绝的南方，让画家可以汲取源源不绝的题材。

岭南天气多雨潮湿。有一天，儿子百揆刚坐下写生就觉得天灰蒙蒙的，怕是要下雨了，看着眼前的海棠，叶子上天然而成点点泪痕如雨滴，心情更是急切，下笔又快了几分，不一会就画好了。等自个停笔一看时，觉得跟往常仔细观察、细致勾勒的效果相距甚远，担心父亲会批评过于草率。可没想到，卧农先生不但没批评，还表扬了百揆这次的表现手法与海棠形象吻合，写生就应取其精神。

儿子百揆常常跟着父亲去写生，学到了很多知识。百揆觉得写生不如摄影又快又准，向父亲求教道："照相只需千分之一秒就能精确地记录下物象，为什么还要写生呢？"卧农先生笑曰："绘画和摄影是两种不同的视觉艺术，不能互相取代。绘画比起摄影在表现上更富有想象力和创造力，画家可以重新组织素材，描绘心中所想。艺术的真正追求不在于'似'，苏子言'论画与形似，见与儿童邻'，所以说'似'只是基本功。比如枝头跳跃的小鸟，你要画得跟自己所见的一样，就要'心手合一'，此非一日之功，多练习就能慢慢做好。然，画其皮壳易，写其神髓难。单纯的妙肖自然使用摄影艺术就可以了，唯独写生，作者可以直接地感受生活事物，拿到第一手资料，这才是关键之处。用自己的心去感受生活，提炼大自然的点滴，结合自己的学识、修养、经历，写我精神，别开生面。所以，写生之目的是把物象的内涵与个人要表达的思想感情进行实录、笔记，再现其艺术精神。摄影是如实地记录事物，写生是领悟其内在精神。”百揆又问父亲：“看山是山，看山不是山，看山还是山，此写画三层境界，该如何理解？”卧农先生曰：“看山是山，即第一步追求形似，是尊重客观事物的再现；看山不是山，是主观意识的介入，彰显其个性之美；看山还是山，是在前面两个基础上更进一步，形神兼备，道法自然，取其元神，可谓元气内充，得天人合一之神韵。”此番话至今百揆仍然历历在目，记忆犹新。

卧农先生的《绘画笔记》写道：

> 屡日来作百花手卷写生。每样皆对照真实描写着色以为范本。由山茶、紫兰花逐月时令写之颇有生意。气势勃勃为我有作过之功夫。今乃补过去所学躐等之过急而忽略基本之道。然老年造少年工作亦是我近日为之。须知少年与老年写画造诣不同，假如前日造过，今天也要造，少年所造更不及老年时功力。古人所谓“活到老时学到老”“苟日新，日日新，又日新”。凡艺术不能自满，不再回头习练，功夫必定苟且不精。只作涉猎一番，何有收获，是金石之良言。故所学多做一番有一番之得，少年人当慎为之。

“文革”期间，国家实行计划经济，对副食品限量供给，每户每人每月定量供应半斤猪肉、半斤鱼肉、半斤鸡蛋，所以缺乏肉类食品是百家常态。苏卧农家里有时会养一些小动物，如海狸鼠、鸽子、番鸭、鸡等。在葱郁的树荫下，有一方小天地饲养着十多只葵鼠，它们白天在水泥块围建的两平方米的窝里忙碌地四处打转，小儿子百揆用砖头砌了一些长长的管道，看起来就像是葵鼠的乐园。葵鼠很容易被贪吃的猫儿从墙边爬进来偷走，所以每晚都要用大大的竹箩筐把它们装起来，用布盖好，并倒扣在房间里。葵鼠生长的速度非常快，平均两个月就能成熟并生下三至六只幼崽。由于饲养它们每天都会消耗大量的草料，百揆从学校放学回家的路上，就会绕去田野间割上些新鲜、水嫩的牧草。葵鼠闻到浓浓的草香就会机灵地移动着胖乎乎的身体，互相挤着努力往前凑，露出那一双双亮晶晶的小眼睛，不一会小家伙们就把腮帮子塞得鼓鼓的，十分惹人喜爱。

喂过葵鼠后，草汁把手掌染得绿绿的，百揆洗把手又开始照顾家里的长毛兔了。卧农先生设计了一个大大的竹笼子，离地30厘米高，笼子底下的竹板疏落，兔子的排泄物不会留在笼子里，竹板用水一冲就很干净了。这样一来，长毛兔的毛儿总能保持着干干净净的。为了防止兔毛打结，也预防跳蚤，还需要经常梳理兔毛。

在院子里有一只羽毛漆黑的八哥，好整以暇地站在半环形的铁架上，发出婉转的声音，卧农先生每日精心喂养，使它格外近人。它只要见到主人就开始扑扇着翅膀，主人伸出手指头，它的目光就会跟着转啊转；一个响指，它就表演起经典的八哥学舌；待主人转身离开，它立马低低碎语，声声急切，依依不舍，似要留住主人的脚步。朝夕相处之间，卧农对八哥的形态特征、生活习性、一举一动都了然于胸，兴致一来就拿起案上的宣纸，对八哥的各种姿态进行写生。好奇时侧耳倾听的八哥、俯首觅食的八哥、高兴时雀跃欢喜的八哥、稍作休整后展拳伸腿的八哥……刻画得入木三分。

不知不觉，枝头冒出了嫩芽，春暖花开的季节临近了。对于鸟雀来说，难熬的冬天即将过去。家里的后院又开始热闹起来。农历新春来往的亲朋好友也渐渐多了起来。听说虎皮鹦鹉很好养，苏卧农就买来了一双试养。虎皮鹦鹉在当时可算是新鲜宠物，一对就能卖上十几块钱，倘若繁殖成功还可带来可观的经济收入。于是，家人用一些铁皮废料制作了一个巨大的鸟笼，里面有一排排的鸟窝。鸟窝分两层，上层是入口，下层的抽屉给鹦鹉孵蛋。每天孩子们都会好奇又期待地拉开小抽屉，看看鹦鹉有没有下蛋。春去秋来，笼子里的鹦鹉已经从一双繁殖到十几双了。它们从蛋壳里成功孵化，顺着抽屉上方的小洞飞到顶层，在洞口探出小脑瓜，看见此刻，苏卧农笑了。

院子的鱼池和鱼缸里养了品种繁多的金鱼，有朝天眼、凸眼、水泡眼、狮子头、鹤顶、寿星、珠鳞等。有一次，卧农先生带着百揆去找好友蔡俊三。蔡先生是摄影师，为了进行金鱼的拍摄创作，对金鱼的饲养有一番研究。两人相谈甚欢，卧农先生说自家养着五彩朝天眼，画作《金鱼睡莲》就是画这一品种。卧农还从蔡先生处带了一对古铜色的金鱼回家，观察饲养。经过一段时日的精心饲养，金鱼的品种更加丰富了，鱼儿也越来越多。一天，苏先生发现鱼池内少了一些名贵品种，且都是又大又美的种鱼，起初以为被猫儿偷吃了。直到某天中午下起骤雨，惊醒了午睡的苏先生，他起来一看，鱼池边上竟有小偷正在悄悄地捞金鱼，他大喝一声“抓贼，有小偷！”小偷吓得仓皇而逃。附近的花农闻声而至，在众人围截之下，一阵子工夫就把小偷抓住了。群众对小偷的行为倍感愤怒，开始对他拳打脚踢。先生担心小偷被打伤，连忙劝阻众人停手，直言小偷虽错，但不能通过暴力解决。于是他对小偷教育了一番，告诫他不能偷摸为生，要堂堂正正做人。询问之下，原来小偷并非本地人，而是外来人，小偷低头认错，苏先生才让他离去。附近的花农都佩服先生的气度与人品。

后来，百钧、百揆在小院子四周筑建围墙，并在墙边种上了簕杜鹃，防止小偷进入。砌墙时，他们在父亲的指导下先深挖地基。因为基础做好了起到抗压、抗震的作用，围墙才不会断裂、倒塌。有了足够的预应力，才经得起暴风雨的考验。这跟做人的道理一样。砌墙也有学问，每层的砖头要错开砖缝，单隅墙每隔一段距离就要柱趸。围墙修建好后，小院子也安宁了。其实苏宅单家一户位于花园中，四面都是花草树木，门户亦只是用普通薄木板钉成，可谓“柴门虚掩”，若然盗贼有心要偷窃是很容易的，只不过花地人都知道此户是文人，也许窃贼认为“偷书”不吉利（“书”与“输”是谐音），故少有本地人来盗窃。而前文所述偷金鱼的小偷是外地人。围墙不算太高，只能防君子。

卧农先生年轻时，动手能力很强，画框、书柜、毛笔盒、印章盒，会亲自制作，甚至房屋漏水也会爬上瓦片屋顶，动手修葺房屋。喜爱阅读的卧农先生还用厚实的杉板、做了一个结实的入榫书柜，放在床边，方便摆放书。而国画的画幅很长，且画作怕受压损坏，不能重重叠放，所以很难买到一个称心如意的画柜。卧农先生就自己动手制作了一个长1.5米、高1.3米、深40厘米、层高30厘米的画柜。画柜、书柜全是卯榫结构，一榫一卯之间，一转一折之际，凝结着中国几千年传统家具文化的精粹。苏先生常常自己动手，身体力行，使其子女养成了勤劳的美德。

转眼由春入夏，在一天夜里，大凤蛾从四面八方而至，以至于数十年后，百揆回忆起此事，仍历历在目。没有人说得清为何只有那天晚上飞来了成百上千只大凤蛾，其展翼长达15厘米以上。一开始，大家激动又好奇地提着煤油灯，往庭院中的大树上照，趁着月色和微微的灯光，可以看到凤蛾成群结伴地漫天飞舞，然后慢慢地停驻在树枝上，不时地扑扇一下翅膀。布满凤蛾的院子充满了原始的自然气息，仿如丛林。夜渐渐深了，大家兴致过了，又如往常般睡下。待第二天早晨，大伙看见许多凤蛾已结成了茧。卧农先生觉得此奇景实在难得一见，当即把有蛾茧的树枝剪断，置入铁网笼中，放在画室里观察。从蛾结茧到幼虫孵化的过程，苏卧农都一一进行写生。这种“零距离”的接触，使其笔下的草虫写生越发生动，而不落窠臼。

生活在田园间的卧农先生，有很多机会接触到各种各样的昆虫，他的草虫写生稿更是不胜枚举，如蜘蛛、甲壳虫、天牛、纺织娘、螳螂、草蜢、蟋蟀、飞蛾、螟虫、蝉等。而且苏先生还会仔细观察和刻画不同品种的差异性特征，比如蜂类——蜜蜂、马蜂、黄蜂、竹蜂、胡蜂和蝶类——凤蝶、彩蝶、粉蝶等。他曾写有昆虫写生笔记：

> 连日来写了蝴蝶、蚱蜢、蝉蜕。此种工作极为细致，应为绘画人入门之阶。我为后人绘画范本，故近编写生集——昆虫之卷。
>
> 蝉是不易画的，其黑色与赭色朱色配合是色彩坚实的色素。其形态构造亦很美，苟不取它美的形态，则索然无味。
>
> 螳螂、牵牛、竹蜂、小黑蜂，墨赭白点大牵牛。纯深赭色的小牵牛。小甲壳虫、蟋蟀等也是同时数日间的写生对象。
>
> 四足蛇，我写了其一头部，后半节是默写构造完成的，未为完全十足的对物写生。因该蛇是由猫

儿捉的，已吃掉下半节。随后我适完成此稿时，猫儿又捉了一条返来。余用火钳从猫口取下，四足蛇已自断尾巴逃走了，遂未能如愿再写生一条，此蛇有待他日再写了。

凤蛾蝶，出生于八月十五日，多在寒露时见之。

通过分类记录整理，卧农先生积累丰富的写生素材。

苏卧农创作的《凤仙花》就是以草虫为点睛之笔。此花开在河涌边，泛着淡淡的蓝紫色。青葱碧绿的叶子，吸收了饱满的水分，引来蜻蜓驻足，野趣悠然。蜻蜓的翅膀轻盈通透，足部和触须的用笔细健，敷色淡雅，鲜活如生，有疏朗清秀的格调，体现出画家高超娴熟的表现技巧和热爱自然、享受清淡生活的情趣。

一天，从海南岛五指山采“树仔头”（盆景树桩）归来的儿子苏伦，带回一个大树菠萝。苏卧农先生见到后没有吃，而是把它作为写生题材。孩子们也拿来工具跟着写生。菠萝蜜表面有许多坚硬的六角形钉状体，这让孩子们觉得画起来很难。卧农先生就教他们用“撞色撞粉法”，通过点彩的形式来表达，且亮部要用浅色，暗部须用深色，借此使菠萝蜜产生体积感。待颜色稍干后，再以红褐色提点出一粒粒凸起的果钉。卧农先生的《菠萝蜜》作于70岁高龄，“人生七十古来稀”，他还是如此认真，一丝不苟地作画，确是后学者之楷模。

苏卧农喜欢喝茶，常言“茶旋煮，速如风雨”，品之百味如人生也。苏先生尤爱滇红和英德荔枝红茶，院子里原来栽种了不少观赏性的茶花，他在晚年，还种了一些可饮用的茶苗，茶苗长大成材后可摘其茶芽以供饮用。当然，一两棵茶树的茶芽极为有限。卧农先生喜观赏植物，其花开时洁白如玉，引来很多小蜜蜂，生机盎然。好茶配好壶，有道是“茗注莫妙于砂壶，砂壶之精者，又莫过于阳羡，是人而知之矣”。宜兴古称阳羡，即壶以宜兴砂壶为最，卧农先生对宜兴紫砂壶与潮州红泥壶亦颇感兴趣。每当好友前来，定当拿出好壶沏茶，与大家一起品茗，谈笑风生。

1973年，古稀之年的卧农先生已走遍了花田林海，其写生素材积累无数，但他依然坚持不懈地写生、作画。即使苏先生常常去醉观公园写生，每次去也会看到不一样的景致。大自然瞬息万变，四时花开。其时正值初夏，睡莲花开，卧农先生兴致顿生，于是拿起画板把心中所得一一画下。睡莲花通常是清晨初开，正午盛放，傍晚闭合，如是者三开三合后才凋谢。卧农先生为观察此花晨暮之变，虽然年事已高，却不辞辛劳，一大清早就去写生，正午是盛放之时又岂容错过！甚至一直写生到傍晚。醉观公园的花农见苏老师如此着迷，天天写生睡莲花，便送来花朵供苏先生画画。月余，睡莲花各种造型、神韵成于胸中，苏先生才开始创作。此时，百揆常伴左右，从旁学习。

为了画鲫鱼，苏先生便从市场买来非洲鲫鱼，用鱼缸养着写生。百钧、百揆亦跟着写生。鱼在水里游来游去，怎样才可画出生动活泼的鲫鱼，对于尚在学习阶段的孩子自然是难题。此时，苏先生言传身教，一边示范，一边讲述要点，鱼头和鱼身的长宽比例，鳞片大小渐变，以及画鱼鳞的要点。在鱼身体中间有一条侧线，从侧线可划分鱼鳞大小的间距，繁复的鱼鳞就有规可依，有法可循。如果没有用心观察，真是看不见鱼身上的侧线。掌握好方法，自然能画得好。

他自由挥洒地经营六尺巨作《睡莲鲫鱼图》，其创作激情不减当年。惜历经数番病劫，身体已非昔日，作画片刻便要歇息，成此作品之艰辛可想矣。只可惜当年该作品参展结束后，组委会竟将画作折叠送回，令这幅画折痕重重。因为此作品是熟宣，又已托底，是不能折叠的。卧农先生无奈感叹，唯有用水轻扫画幅，让纸受湿后慢慢张平，经此反复扫水折腾，画面色彩亦严重脱落，画中红花绿叶、墨光、水光、色光已失，其韵黯然。可惜此时，卧农先生已体力不支，难再为此作重新赋彩。

苏卧农一生专注于美学研究和中国花鸟画创作，淡泊名利。他留下的花鸟画作品被后学者奉为圭臬。他晚年仍然孜孜不倦地努力作画，潜移默化地影响着儿子们。一个夏天的晚上，皓月当空，人们渐渐入睡，昙花颤悠悠地舒展开放，花香四溢，清辉照人，此间已成了月亮与花儿的天地。卧农先生带着百揆在煤油灯下认真地写生。花开得快，合得更快，稍待一刻，昙花就变了模样，跟先前画在纸上的花朵就有了不同。月亮慢慢地藏在树后，夜色越来越暗，黑乎乎的院子里，蚊子在飞舞，但他们依然沉醉在花的世界里。当百揆把画好的作品交给父亲时，卧农先生耐心地给他分析画理。“画者，去尘欲念，静心细察万物，参悟其中情理，用至诚之心，画出本性之真我。”卧农对百揆说。此语一直是百揆画画之座右铭。

百揆学习画鹰时，卧农先生教儿子怎样制作鹰的标本，并具体分析鹰的结构、身体比例以及羽毛的生长规律，让其细心地观察它的嘴、眼、爪等部位的特征。卧农先生对儿子说：“古人师谁？写生乃师吾师之师也。尔应在写生实践中好好体味，寻找出自己绘画创作之路，方能别开生面。”

苏先生总是悉心教导孩子如何去作画，在实践中总结教训。他还教儿子研制矾宣纸的方法：

> 用矾之法，取大块矾置净碟内，以水浸之。待其自化，不可火烘，热则矾无力矣。夏日浸一饭之顷；冬，则须浸半日。候矾水之浓淡，以笔醮矾水点于指尖，微稠即可用。凡写意画多用生纸，即无勾染之功，亦无数层之迹，可以不必上矾。若工笔画著色，必须上矾，然后可染。盖矾与胶相为表里。调胶设色之后，非用矾水拖过，将一见泾笔，色即浮起，不受勾染。惟矾水既到，则染至数遍，毫不浮脱。染之色，亦无凝滞，此第一要义。夫人

尽知，未上纸绢之先，胶在各碟之中。若误沾矾水，则胶与色敛尽沉碟底，粘结成团，只可弃而不用。此先后之别，先用矾，则色因以废。后用矾，则色赖以成。故矾绢矾纸必胶矾并用而著色。又必胶矾分用，於为禁忌。於互为相需，不得颠倒错乱，此物理之不可不知，亦不可不慎也。或曰，著色既施矾矣，有时勾染而仍黏滞，刷运不开，并见水旁渗者，何也？此非胶轻，既矾太重也。胶轻故色滞，矾重故旁渗。救之之法有二：一是用净笔蘸白水刷过，若即受染，即矾重也。否则用轻胶水一上，不必上矾，即可勾染。二是用胶水先上，次上矾水，至受染而止。虽有胶轻欲脱之色，亦从此不脱矣。此皆作画时必有之弊。而救胶矾之法，又不可不知也。若夫纸与绢用矾之别，则又有纸上著色俱在正面，矾亦在正面。绢上著色在背面者，亦矾背面；在正面者，亦矾正面。至于枝叶虽在正面，而上矾宜在背面。上矾之后，再衬石绿，防绿上于背面。而花青走于正面也，既衬之后，再上矾水，恐石绿裱脱也。纸画著色施矾，稍宽于花叶之外尚属无妨，然水太多，亦防其渗开。绢画著色时，施矾宜用小羊毫笔。细心勾定笔尖，随画之所有而上之，断不可丝毫宽出，以至久而矾过之处，皆成黄迹。此宜小心静气以为之者也。通幅成功后，即须通幅上矾一二遍，以固其色，且使装璜时，可免脱落。纸与绢同。惟通身上矾时，亦有层次，先用干笔轻润一过，次用湿笔施之。恐新着绿色易于飞化也。往往矾水大时，忽然绿色浮起，渗开满纸无法可救也，以至全功尽弃。此用矾水最宜审慎者也。又用矾笔时，宜笔笔顺刷，不可一笔逆施。朱砂青绿胶不足者，易于浮起。上矾更宜小心。只可一笔笔速速拖过，不可复笔，再拖以至糊涂。或先于砂绿石青上特另上矾，后及他色，免致渗开。至于胭脂、藤黄，本不用胶，见水易走，上矾时更宜留心。其众色中之遇水即走者，亦皆有藤黄在其中也。

在父亲的建议下，百钧、百揆不断地改进，还想出很多新方法和技巧，对兄弟二人日后艺术创作有很大的帮助。

其子百钧经过不断努力，在艺术领域取得卓越成就，先后在广州美术学院、中央美术学院任教授，并担任研究生、博士生导师。百揆受聘为广州市文史馆员。

苏卧农先生画画一丝不苟，做事也一样认真严谨。他一生热爱自然，和大自然中的花草树木融为一体，把自己的悲欢喜乐寄情于艺术。他还写下《美校讲义》《书画杂记》《画道》《书道》《画室随想》《绘画记》等手稿。

1975年2月26日（正月十六日），苏卧农挚友、一生知己、同门师兄方人定先生逝世。为此，苏卧农先生痛心不已，他的学生回忆："方老师逝世后，我去看望苏卧农老师。只见他独自在火盆旁摆上酒杯烧冥纸，默默地拜祭。当时我还劝他，不要太伤心。没想到几天后……"3月17日，陈子毅等友人来探望苏先生，共聚良久，苏先生以家宴招待，小酌数杯，提及方人定师兄，更是感慨不已。

当日晚上9点，卧农沐浴后感觉有点头晕，即被送往芳村人民医院诊治，并留院观察，吊瓶输液。其时，妻关琪仙、儿子苏百揆侍陪于左右。输液时，卧农有药物沁出血管的现象。妻琪仙感到丈夫病情严重，随即通知医生。可惜，医生认为这是护士打针水平问题，没有觉察到病情的严重性，而脑出血病人需要及时抢救，否则后果不堪设想。医生只是建议重新换个部位再输液。从左手换到右手，隔几小时后又换到脚部，数小时换了好几次部位输液，皮下都肿起泡，输液失败。因为每换一个位置输液都要隔一段时间观察，导致没有立刻进行手术，错过了最佳的治疗时机。到了凌晨两点，医生对其家人说苏卧农先生病危需要抢救，关琪仙立即通知所有家人到场，后经抢救无效，并诊断为脑出血。

1975年3月18日，苏卧农先生逝世，享年75岁。其一生历经晚清之衰落、民国时期之战乱，及中华人民共和国的诞生。无论境况顺逆，他对艺术的热爱和执着不因社会动荡环境变迁而停止，始终在中国画革新实践中身体力行。其坚韧不拔之精神，实为后学者之楷模。他为中国画艺术之传承培养人才，竭心尽力，使中国画艺术薪火相传，生生不息。

年谱

1901年3月　出生于地灵人杰的广州市花地乡。

1910年　入广州市花地罗建侯书塾读书。

1911年　在广州市花地馥林园中（花地大田街2号）随张步云等老师读书，并学习绘画、书法。

1915年　时年大水灾，园中庄稼被水淹没，半停学帮助父亲耕种。

1916年　到广州市下九路德昌茶楼做工。

1918年　娶妻李氏，栽种花草，并写生、绘画。

1926—1928年　考进佛山市立美术学院国画科学习，高剑父任院长并经常亲自上课。

1926年　创作《雪山居图》《月夜寒禽图》。

1927年　创作《长虹》。

1928年　入高剑父的春睡画院研习绘画。作品《游鱼》《红豆白鸽》参加比利时万国博览会并获得金奖。

春睡画院期间，作品《寒潭鱼梦》参加青年画展，与高剑父先生及春睡画院同门一同到海港码头写生，作《山村花艇》《寒林图》《花溪夜色》《松图》《废塔烟云》等写生作品；创作人物画《摘果》《望月》，花鸟画《春木栖禽图》《芦苇翠鸟图》。

1929年　与高剑父先生及春睡画院同门于鼎湖山写生23天。创作《鱼梦》《丰台春色》。

1930年 创作《枭月》。

1931年 创作《荒烟蔓草》《百合野趣图》。

1932—1935年 赴日本东京美术学校研究部留学。

1932年 创作《秋艳》。

1933年 创作《孤梦》《丹山白凤》《虎啸》《闲谈鱼梦》等。

1934年 与方人定、黄浪萍、杨荫芳、李东平、梁锡鸿、赵兽、李仲生、曾奕、白砂一起在东京神田区成功举办了“中华旅日作家十人展”。

1935年 于日本东京美术学校毕业，6月归国；9月在广州市举办“欢迎方人定、苏卧农、杨荫芳、黄浪萍归国画展”，苏卧农的参展作品有：《豆场》《山葡萄》《月满》《斗鱼》《织鳞》《蜻蜓》《素虾》《山百合》《飞扬》《晓风残月》《半篙清涨雨初收》《游鱼逐落花》《朝露》等；作品《游鱼》参加“中国绘画赴欧展览”，先后在德国普鲁士美术院、日内瓦瑞京大厦展出；创作《双鱼图》《九鱼图》，其中《九鱼图》出展广州博览会；著《谈鱼漫抄》（已佚）。

1936年 担任广州市立美术学校国画科教授，著《美校讲义》，创作《鹦鹆红棉》《山伯劳》；7月，参加上海、南京两地“春睡画院师生展”；10月在上海举办苏卧农画展。

1937年　亲率学生们拿起画笔制作抗日宣传画，以发动群众起来抗日。

1938年　抗战期间先后避居澳门、香港，并在澳门举办个人画展。此后，相继在香港的远东及九江、兴华、岭海等中学任国画教员，造就不少美术人才。作《斗鸡写生图》《闲立》。

1939年　6月，参加“春睡画院留澳同人画展”的义卖展览，筹措款项，救济灾民。创作《孤鸦啼暮图》《红梅翠鸟》。

1940年　客居香港期间，创作《罂粟花》《寒松吼天碧》《芍药小鸟》。

1941年　与方人定、李抚虹、司徒奇、伍佩荣、黄独峰等在香港发起“再造社”，以振兴中国画艺术为宗旨，于2月成功举办再造社第一次画展。同年，参与举办“东江兵灾赈义展”并捐赠作品。创作《红棉鸥鸮》《鹡鸰芦苇图》《鼠耗》《朱梅》《鸳鸯戏水》《雪竹幽禽》《雪雉》《薄冰》《雪晴》等。

1942年　回穗，在花地馥林园创作《山涧雌雉》《风雨鸠鸣》。

1943年　创作《鹳鸰秋叶图》《白鹰青松图》《金鱼圆扇面》。

1944年 创作《白鸡牵牛花图》《松梅图》《晚翠》《葡萄图》。

1945年 创作《碧苔莲》《春嬉》《葵鼠》《月夜猴》。

1946年 苏卧农与关琪仙结婚，得贤内助，更专注研究学术。在南中美术学校任教授兼专科主任。创作《依样》《白菜图》《昙花草蜢图》《珊瑚兰》。

1947年 在广州市立艺术专科学校国画系任教授兼主任。创作《蕹菜花》。

1949年 在广州花地专心创作绘画，创作《红梅》。

1950年 创作《环宇和平图》。

1953年 参加第二次全国文学艺术工作者联合扩大会议，加入中国美术家协会；作品《环宇和平图》入选第一届全国美展。创作《椰苗写生图》。

1955年 《椰苗益鸟》入选第二届全国美展，创作《防寒》《除四害》《椰苗益鸟》等画并在广州文化公园展出。

1956年 被聘为广州市文史研究馆馆员。作品《除四害》由广州市文史馆收藏。创作《紫藤鸳鸯图》。

1957年 参加广州市文史研究馆举行的夏季联欢会，把《海鹰》《孤梦》《菖蒲花》《鹳鸽红棉》作为参展作品。创作《千瓣莲花》《赵粉牡丹》

《老少年》《黄颊鹭》《野水仙》等画作。

1958年 写《我的历史过程》，作品《白莲》为广州市文史研究馆收藏。作《白鹭柳树》《白兰花、夜合花、黄兰花写生手卷》《牡丹玫瑰写生手卷》等。

1959年 作品《红莲花》《斗鱼》《除害鸟》为广州市文史研究馆收藏。创作《山伯劳》《红荔白鹅图》，现藏于人民大会堂。

1960年 筹办广州国画院（广东画院前身），为筹委之一。担任广州园林学会顾问、盆栽协会及兰花协会顾问。广州市政府聘请苏卧农为广州海珠广场设计装饰铸铁栏杆。

创作国画《萝峰丹荔雨，恰似江南三月春》。作品《三棱剑花》《鹫》参加全国美术作品展及省画展。

1961年 作品《鱼翔浅底》《鹰击长空》分别由广州美术馆、广东画院收藏；9月，南岳衡山采风，创作了一系列的中国山水画：《衡山半山亭》《白龙潭》《观音桥》《涧底泉声带雨秋》《龙舒桥》《半山亭远眺》《白云笼罩万千松》《老杆参天欲化龙》《南岳流泉》《燕子岩遥望南天门》等。

12月，参加广州画院座谈会，创作学术文章

《民族传统艺术与见识创作问题》。

1962年 任广州市文史夜学院国画教授。著《构图与传摹移写》讲学，并作绘事札记多篇，如《画室随悟录》《美校讲义》《书画杂记》《画道》《书道》《绘画记》《最模糊处最分明》《讲面子》《形似与传神》《说技巧》等，并整理著作《花卉札记》。

创作国画《母子火鸡图》《喜鹊红柿》《哺雏图》《月光花蝶图》《火鸡图》《红梅》《鳜鱼图》《老鼠南瓜》《游鱼逐落花》等。其中《芍药花鸟》作品交文史馆参加元旦文艺展。

1963年 写《改字说》，论证为诗作画须反复修改的必要性。作品《喜鹊红柿》《珊瑚兰》收入广东美协画集。创作《新篁高标图》《三燕凤凰花图》《草虫写生》《蜂巢》《塘边一角》《燕子凤凰花》《竹蜂吊兰图》《红桃相思鸟图》《松鹰》。

专心研究美学，在家教六子百钧与七子百揆书法、绘画。

1964年 到台山县广海镇写生后，创作《广海渔港》《渔港动千帆》；任广州爱兰者会顾问，作品《三棱剑花》收入《现代花鸟画选》，创作《牡丹》《百合花》等花卉手卷，作题记

	观察及绘画心得。
1965年	创作《鸳鸯紫藤图》。
1966年	参加流花西苑举办的盆景艺术研究会。写文章《桂林山水甲天下》。
1968年	创作《咏梅》。
1972年	作《睡莲写生纪要》，到醉观公园写生睡莲；作《菠萝蜜》《了结花》《红昙花》等写生图。
1973年	作《龙门石窟》笔记，创作《睡莲鲫鱼图》。
1974年	作关于山水画演变的笔记。
1975年3月18日	病逝于故居花地，终年75岁。

苏卧农
作品选录

长虹

纸本

1927 年作

131 cm×68 cm

摘果

纸本
1928年作
218 cm×93 cm

望月

纸本

1928 年作

131 cm×67 cm

荒烟蔓草

纸本
1931 年作
91 cm×28 cm

鱼梦

纸本
1933 年作
86 cm×39 cm

孤梦

纸本
1933 年作
122 cm×65 cm

九鱼图

绢本

1935 年作

58 cm×182 cm

鹦鸽红棉

纸本

1936 年作

98 cm×42 cm

孤鸦啼暮

纸本

1939 年作

51 cm×40 cm

游鱼

纸本

1939 年作

131 cm×53 cm

观瀑

纸本

1939 年作

92 cm×32 cm

寒松吼天碧

纸本
1940 年作
74 cm×27 cm

红棉鸱鸮

纸本

1941 年作

171 cm×94 cm

雪晴

纸本
1941 年作
160 cm×80 cm

薄冰

纸本

1941 年作

70 cm×93 cm

雪竹幽禽

绢本
1941 年作
46 cm×54 cm

鼠耗

纸本
1941 年作
65 cm×74 cm

山涧雌雉

纸本
1942 年作
171 cm×94 cm

风雨鸠鸣

纸本
1942 年作
96 cm×42 cm

白鹰青松图

纸本
1943 年作
128 cm×46 cm

葵鼠

纸本

1945 年作

134 cm×68 cm

春嬉

纸本
1945年作
130 cm×40 cm

碧苔莲

纸本
1945 年作
136 cm×33 cm

依样

纸本
1946年作
35 cm×106 cm

昙花

纸本

1946 年作

79 cm×48 cm

蕹菜花

纸本
1947 年
80 cm×34 cm

环宇和平图（联屏）

纸本

1950 年作

172 cm×96 cm

海鹰

纸本
1954 年作
144 cm×81 cm

椰苗益鸟

纸本

1955 年作

105 cm×46 cm

春江鸳鸯

纸本
1957 年作
130 cm×68 cm

凌霄

纸本

1957 年作

100 cm×33 cm

牡丹

纸本
1957 年作
92 cm×31 cm

采浮萍

纸本

1958 年作

96 cm×173 cm

白鹭

纸本
1958年作
99 cm×40 cm

残荷蜻蜓

纸本

1959 年作

93 cm×42 cm

红荔白鹅

纸本
1959 年作
173 cm×89 cm

鹫

纸本

1960 年作

224 cm×90 cm

三棱剑花

纸本
1960 年作
175 cm×90 cm

珊瑚兰

纸本

1960 年作

131 cm×69 cm

鱼翔浅底

纸本
1960 年作
89 cm×136 cm

鹡鸰雪梅

绢本
1961 年作
124 cm×60 cm

莲影白鹭

纸本
1961 年作
134 cm×68 cm

洞底泉声带雨秋

纸本

1961 年作

93 cm×43 cm

燕子岩遥望南天门

纸本
1961 年作
93 cm×44 cm

母子火鸡图

纸本

1962 年作

90 cm×110 cm

喜鹊红柿

纸本

1962 年作

134 cm×68 cm

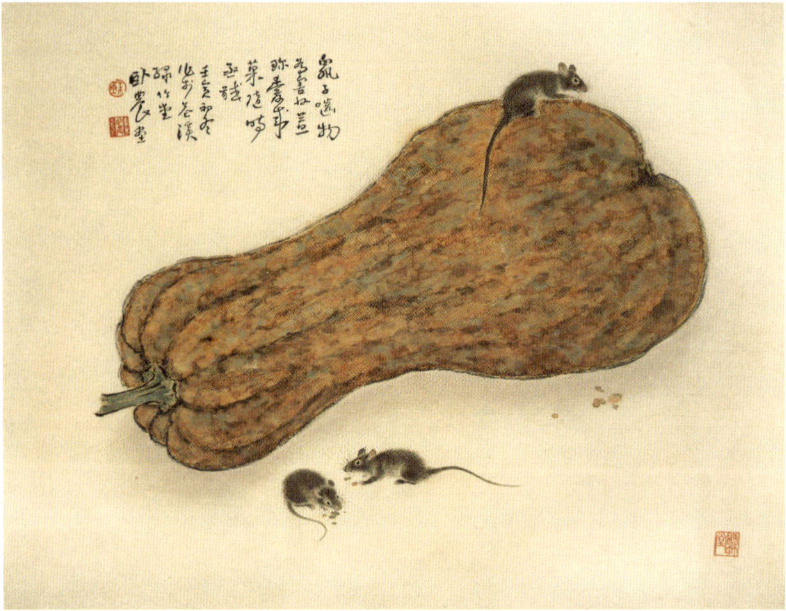

老鼠南瓜

纸本
1962 年作
53 cm×67 cm

月光花蝶图

纸本
1962 年作
132 cm×54 cm

蜂巢

纸本
1963 年作
27 cm×33 cm

竹蜂吊兰图

纸本
1963 年作
97 cm×36 cm

三燕凤凰花图

纸本

1963 年作

97 cm×37 cm

塘边一角

纸本

1963 年作

27 cm×33 cm

新篁高标图

纸本
1963 年作
132 cm×67 cm

桃花小鸟

纸本

1963 年作

96 cm×35 cm

秋鹰图

纸本

1964 年作

128 cm×68 cm

睡莲鲫鱼图

纸本
1973 年作
96 cm×174 cm